PREMIO BIENNALE
INTERNAZIONALE DI
ARCHITETTURA
BARBARA CAPPOCHIN

EDIZIONE 2013

INTERNATIONAL
BIENNIAL
BARBARA CAPPOCHIN
ARCHITECTURE PRIZE

EDITION 2013

Memoria, Fondazione, Architettura così diverse ma stranamente legate tra loro dalla semplicità, accoglienza, rispetto, condivisione, valori che sono alla base delle scelte della vita e dell'architettura, valori promossi dalla Fondazione Barbara Cappochin proprio in memoria di Barbara, consapevole dell'inscindibile legame tra la qualità della vita e la qualità dell'architettura.

Memory, the Foundation and architecture are quite diverse, yet strangely linked by simplicity, warmth, respect and sharing - values that are fundamental to life choices and architectural decisions. It is these values the Barbara Cappochin Foundation promotes in memory of Barbara and in the knowledge that quality of life and the quality of architecture are inextricably linked.

EDIZIONE / EDITION 2013

Premio Biennale Internazionale di Architettura Barbara Cappochin
International Biennial Barbara Cappochin Architecture Prize

A tutti i partecipanti al Premio, alla Giuria Internazionale, a tutti i partner istituzionali, economici e tecnici, ai tanti amici che con il loro impegno ci aiutano a mantenere vivo il ricordo di Barbara esprimo il riconoscente ringraziamento della Fondazione Barbara Cappochin e dell'Ordine degli Architetti Italiani.

The Barbara Cappochin Foundation and the Italian Architects Association are sincerely grateful to all participants, the International Jury, its institutional partners and sponsors and all those who have given their technical assistance, so helping us to keep Barbara's memory alive.

Giuseppe Cappochin

INDICE / CONTENTS

06
Leopoldo Freyrie
Presidente del Consiglio Nazionale degli Architetti,
Pianificatori, Paesaggisti e Conservatori
President, National Register of Architects,
Urban Planners, Landscape Architects
and Conservation Specialists

08
On. Marino Zorzato
Vice Presidente - Assessore alla Cultura
Regione del Veneto
Vice President - Counsellor for Culture
Veneto Regional Authorities

09
Ivo Rossi
Vice Sindaco reggente
Deputy Mayor

10
Giuseppe Cappochin
Presidente Ordine Architetti Pianificatori
Paesaggisti Conservatori della Provincia di Padova
e della Fondazione "Barbara Cappochin"
President, Register of Architects, Urban Planners,
Landscape Architects and Conservation Specialists
of the Province of Padua
President, Barbara Cappochin Foundation

11
Renzo Piano
Renzo Piano Building Workshop (RPBW)

EDIZIONE / EDITION 2013

Premio Biennale Internazionale di Architettura Barbara Cappochin
International Biennial Barbara Cappochin Architecture Prize

17
Premio Internazionale
International Prize

69
Medaglia d'Oro Giancarlo Ius
Giancarlo Ius Gold Medal

87
Premio Provinciale
Provincial Prize

103
Restanti Partecipanti
Remaining Participants

146
Il Bando
The Announcement

Indice / Index

LEOPOLDO FREYRIE

Presidente del Consiglio Nazionale degli Architetti, Pianificatori, Paesaggisti e Conservatori
President, National Register of Architects, Urban Planners, Landscape Architects and Conservation Specialists

Quella del 2013 è la seconda presidenza della Giuria del Premio Internazionale Barbara Cappochin che ho l'onore di ricoprire – nella mia veste di Presidente del Consiglio Nazionale degli Architetti PPC - e la bella esperienza mi aiuta a fare alcune considerazioni sull'importanza del Premio.

La crescente notorietà e internazionalità della competizione, con un costante aumento dei partecipanti, della qualità dei progetti, della diffusione internazionale e della partecipazione di grandi architetti, basterebbe a descrivere come il Premio sia diventato protagonista sulla scena mondiale, forse unico in Italia.

La spiegazione del fenomeno è interessante, perché non sta in un grande dispiegamento di mezzi finanziari o di comunicazione, né nell'essere intestato ad un grande mecenate o a un Capo di Stato o a una famosa istituzione culturale pubblica.

L'importanza del Premio Barbara Cappochin sta nella filosofia cui la Fondazione si è ispirata quando lo ha istituito: non un premio solo alla "bella" architettura o a un grande architetto, bensì una competizione tra progetti realizzati, ben immersi nella realtà dei luoghi che li ospitano, dei quali, accanto alla qualità morfologica, tipologica e tecnologica, si tenesse in gran conto la relazione che hanno saputo instaurare con il contesto e con le persone che lì vivono o lavorano.

Il Premio Barbara Cappochin è, in qualche modo, un premio poco "glamour", nel quale le diverse Giurie che si sono avvicendate negli anni, formate da persone diverse per cultura e stili, hanno tutte subito compreso che il loro lavoro dovesse essere quello di misurare l'estetica dell'architettura con il metro della vita reale, del contesto urbano, della natura circostante, tenendo in gran conto i problemi ambientali e sociali che in questi e nei prossimi anni dobbiamo affrontare.

La consapevolezza delle scelte della Fondazione è corroborata dalla collegata organizzazione della Biennale e di cicli di conferenze non accontentandosi di premiare belle architetture, bensì promuovendo ragionamenti e discussioni attorno ai problemi e alle soluzioni che esse suggeriscono per risolvere i problemi dell'habitat, anche con l'aiuto di grandi Maestri dell'architettura.

È anche per questo che i vincitori delle diverse sezioni del Premio non sono mai stati scontati e tanto spesso architetti giovani e poco noti nel panorama internazionale si sono affermati a scapito di colleghi assai famosi.

È anche per questo che il Premio, segnalando un'architettura, ha spesso anticipato le scelte di altre Giurie di altri importanti Premi, svolgendo così una funzione di "levatrice" di giovani architetti destinati ad un futuro luminoso, in perfetta assonanza con l'aura ispirata dalla giovane collega a cui il Premio è intestato.

Il lavoro della Giuria del 2013, che ho avuto la fortuna di presiedere, composta da Alberto Cecchetto, Abe Ryo, Francisco Mangado, Nikos Fintikakis, Nicola Leonardi, Anna Grigoryeva, è stato approfondito e divertente, con un confronto di opinioni molto aperto che ha portato, a mio parere, alle migliori scelte tra una grande quantità di progetti con una qualità media davvero notevole.

E così, senza pregiudizi né alcun indirizzo da parte della Fondazione, è bastata l'aria di Padova e il piacere di studiare bei progetti da tutto il mondo, per indurci consensualmente a fare scelte che hanno un preciso indirizzo culturale, premiando progetti di grande qualità estetica ma anche coraggiosi e innovativi nel dare riposte positive alle crescenti difficoltà delle comunità dei cittadini, qui come nel mondo, dimostrando così come l'architettura non sia un lusso, ma un bene comune e necessario.

Questa è esattamente la ragione per cui il Consiglio Nazionale Architetti PPC è felice di continuare la sua stretta collaborazione con la Fondazione Barbara Cappochin e con il Premio, convinti come siamo che i buoni esempi di architettura siano il viatico per un habitat vivibile, per architetti migliori, per una società più giusta.

The 2013 edition is the second time I am honoured to chair the Jury of the Barbara Cappochin International Award. It is a delightful role that I hold thanks to my position as President of the National Council of Architects PPC and I would like to share with you my thoughts about the importance of this Award.

The competition has gained in stature and international participation as the numbers of participants have grown steadily, the quality of projects improved, the international reach been extended and the involvement of leading architects flourished. Perhaps all this can be summed up with the fact that the Award has become a world leader and probably the only such competition in Italy.

The reasons for this are interesting. The answer is not massive financial investment nor a major communication campaign. Indeed, the reason is not even because the Award is named after some great patron, Head of State or the leader of some other famous public cultural institution.

The importance of the Barbara Cappochin Award lies in the philosophy that inspired the Foundation when it decided to create the Award. It is not an award only for "nice" architecture or a famous architect, but a competition for completed projects that are immersed in the reality of the places where they are located. In addition to the quality of the shapes, types and technology, the Award places great importance on the relationship that these different works created with the surrounds and the people that live or work there.

The Barbara Cappochin Award is somewhat the opposite of a "glamorous" award. The numerous juries over many years have been people from very different backgrounds and with very different styles, yet they all immediately understood that their work was to measure the aesthetics of the architecture against real life, the urban setting or the surrounding nature, attaching great importance to the environmental and social problems that we need to tackle now and in future.

The awareness of the Foundation's choices is reinforced by the related organisation of the Biennial and a series of conferences. The event does not limit itself to rewarding beautiful architecture, but seeks to promote thinking and debate about the problems and solutions related to such architecture so as to find solutions to habitat problems, potentially with a helping hand from the great Maestros of architecture.

This is precisely why past winners in the various categories were never "sure bets" and why, on more than one occasion, young and relatively unknown architects stole the limelight ahead of their more famous colleagues.

It also accounts for why by highlighting architecture, this Award has so often been a forerunner for decisions made by the juries for other major awards. It is the symbolic gatekeeper for young architects on the path to a bright future and, as such, it fits perfectly with the young architect after whom it is named.

The Jury I was lucky enough to chair in 2013 consisted of Alberto Cecchetto, Abe Ryo, Francisco Mangado, Nikos Fintikakis, Nicola Leonardi, and Anna Grigoryeva. The work we did was both in-depth and fun, with differing opinions expressed openly. I feel this meant we made the best choices from among a large number of projects that were on the whole of outstanding quality.

The Foundation gave us real freedom to make our choices, leaving us in Padua to the enthusiasm of examining projects from across the world. This was the basis for us reaching a consensus on decisions with a precise cultural approach, rewarding high quality aesthetic designs that included bold, innovative elements that provide a positive answer to the growing troubles of communities - both here and across the world - and thus prove architecture is not a luxury but a shared and necessary asset.

This is exactly why the National Council of Architects PPC is delighted to continue working so closely with the Barbara Cappochin Foundation and this Award. We firmly believe that good examples of architecture are the way to a liveable habitat, to better architects and to a more just society.

ON. MARINO ZORZATO
Vice Presidente - Assessore alla Cultura Regione del Veneto
Vice President - Counsellor for Culture Veneto Regional Authorities

Il Premio Internazionale di Architettura Barbara Cappochin rappresenta, nello scenario dei premi di architettura del Veneto, una straordinaria realtà rivolta alla progettazione architettonica contemporanea e di cui la Regione ha fatto proprie le finalità condividendone la realizzazione.
Il Veneto è una terra estremamente fortunata che ha ereditato dal passato un patrimonio architettonico e monumentale con pochi eguali in Italia e nel mondo. Il Veneto, la terra di Andrea Palladio, forse il più grande architetto di sempre e di sicuro il più imitato nei secoli successivi, non poteva non promuovere un premio che riconosce la qualità e il carattere di eccellenza degli interventi architettonici.
Sostenere e premiare l'architettura di qualità, la "buona architettura" in grado affrontare e risolvere i problemi primari dell'abitare e del vivere contemporaneo, è l'obiettivo del Premio Barbara Cappochin promosso dalla Fondazione Barbara Cappochin di Padova, attorno al quale nel corso degli anni si è sviluppata una manifestazione ancora più prestigiosa e complessa, cioè la Biennale Internazionale di Architettura Barbara Cappochin con una serie di eventi espositivi monografici e collettivi, convegni, seminari e pubblicazioni.
Il grande merito della Biennale, che la contraddistingue anche a livello etico, è aver saputo legare in un binomio indissolubile la qualità dell'architettura con la qualità della vita, coinvolgendo con pari dignità nella progettazione architettonica committente, progettista e costruttore, indirizzandoli verso il raggiungimento dell'obiettivo comune che sta a fondamento ultimo del costruire, ossia migliorare la qualità della vita umana.

The International Barbara Cappochin Architecture Prize is one of the most prestigious awards for contemporary architecture in the Veneto Region, and one that the Regional Authorities have wholeheartedly espoused, contributing to its organization.
Our Veneto Region enjoys the extraordinary privilege of having an architectural and cultural heritage second to none in Italy and the world. The Veneto is the homeland of Andrea Palladio, perhaps the greatest architect of all time, and certainly the most imitated down the centuries. So it was only natural that the Regional Authorities should give their full backing to an award recognizing modern architectural excellence.
The Barbara Cappochin Prize promoted by the Barbara Cappochin Foundation with headquarters in Padua aims to support and bring to public notice "good architecture", i.e. architecture that tackles and solves the fundamental issues of contemporary lifestyle requirements. Over the years another even more prestigious event has been developed: the Barbara Cappochin International Biennial, hosting a series of monographic and collective exhibitions, conferences, seminars and publications.
It is to the great credit of The Barbara Cappochin Biennial that it has always considered quality architecture in quality-of-life terms. Achieving this involves engagement not only by the architect but also by Client and builder, who together must strive to achieve the ultimate aim for which man builds: to improve the quality of human life.

IVO ROSSI
Vice Sindaco reggente
Deputy Mayor

Siamo orgogliosi del fatto che a Padova un gruppo di architetti guidati da Giuseppe Cappochin continui a mantenere a livello internazionale questo Premio che offre alla città un palcoscenico importante e inoltre obbliga i nostri architetti a interrogarsi e a interpretare la città, confrontandosi con il mondo.

È cambiata una stagione culturale, un cambiamento indotto anche dalla crisi economica per cui ora dobbiamo confrontarci con la riconversione dei luoghi e la sostenibilità ambientale. Una sfida importante che la Biennale ci aiuta ad affrontare.

Quest'anno abbiamo anche due ulteriori motivi di soddisfazione: il marchio di qualità e di bellezza è stato dato al progetto di risistemazione del piazzale della stazione ferroviaria di Padova e nella nostra città arrivano le idee trasformate in forme e volumi di Renzo Piano.

Sono proprio la circolazione delle idee e l'apertura alle innovazioni che hanno reso Padova la città che tutti conosciamo: aperta alle contaminazioni culturali e curiosa verso i cambiamenti.

We are proud that in Padua a group of architects led by Giuseppe Cappochin continues to keep this Award at the highest international level. It has made our city a showcase, obliging our own architects to measure up to world standards when tackling the city's requirements.

The economic crisis has changed the cultural scene. Today we have to think in terms of reconversion and adaptation within the framework of environmental sustainability - a major challenge that the Biennale helps us take on board.

This year we have two further reasons to be satisfied: the beautiful renovation and revitalization project for the square before Padua's railway station, and the arrival in our city of new ideas in forms and volumes designed by Renzo Piano. It has been just this willingness to welcome new ideas and innovation that has made Padua the city we all know: open to cultural cross-fertilization and eager to take on change.

GIUSEPPE CAPPOCHIN

Presidente Ordine Architetti Pianificatori Paesaggisti Conservatori della Provincia di Padova e della Fondazione "Barbara Cappochin"
President, Register of Architects, Urban Planners, Landscape Architects and Conservation Specialists of the Province of Padua
President, Barbara Cappochin Foundation

La Biennale Internazionale di Architettura raggiunge, con l'edizione 2013-2014, il traguardo del "Decennale".
Assieme all'Ordine degli Architetti della Provincia di Padova, la Fondazione Barbara Cappochin, nata per non dimenticare Barbara e quanto da lei lasciato nei suoi 22 anni di vita, ha voluto caratterizzare questa sesta edizione, ancor più delle precedenti, con molteplici prestigiosi eventi culturali tra il 26 ottobre 2013, data della Cerimonia di Premiazione del premio di Architettura, e il 15 luglio 2014, data di chiusura della Mostra a Palazzo della Ragione "Renzo Piano Building Workshop - archivi".
Il Premio, la Mostra, le Conferenze, i dibattiti internazionali ruotano tutti attorno allo stesso sottile ma ineludibile filo che lega indissolubilmente la qualità della vita alla qualità dell'architettura.
È motivo di grande soddisfazione che proprio l'edizione del "Decennale" del Premio coincida con la vittoria, per la prima volta, di un'opera realizzata in Italia e progettata da un giovane talento emergente del nostro Paese.
Sono state oltre trecento le opere presentate concluse negli ultimi tre anni. Il calo della partecipazione italiana, testimonianza della gravissima crisi che il settore della progettazione sta vivendo nel nostro Paese, è stato compensato da un incremento dell'adesione internazionale da tutti i continenti, a conferma del prestigio mondiale del Premio.
Il progetto del Tavolo dell'Architettura, sul quale vengono esposte le migliori opere selezionate dalla Giuria Internazionale, porta la prestigiosa firma di Renzo Piano, ospite d'onore della Biennale con la Mostra a Palazzo della Ragione "Renzo Piano Building Workshop - archivi".
A tutti i partecipanti al Premio, alla Giuria Internazionale, a tutti i partner istituzionali, economici e tecnici, ai tanti amici che con il loro impegno ci aiutano a mantenere vivo il ricordo di Barbara esprimo il riconoscente ringraziamento della Fondazione Barbara Cappochin e dell'Ordine degli Architetti Italiani.

With the 2013-2014 edition, the International Biennial of Architecture completes its first decade.
The Barbara Cappochin Foundation, born to keep alive the memory of Barbara and what she left us in the 22 years of her life, together with the Architects' Association of the Province of Padua, have decided to enlarge the programme of events for this sixth edition. Compared with previous years, the period between 26th October 2013, the date of the architecture award ceremony and 15th July 2014, the closure date of the Exhibition "Renzo Piano Building Workshop - archivi" held in Padua's Palazzo della Ragione, will have a much broader raft of prestigious cultural events.
The Award, the Exhibition, conferences, and international debates are all posited on the same subtle yet essential theme: the inextricable link between quality-of-life and the quality of architecture.
It is also a great satisfaction that the Biennial's first ten years also coincides with the Award going for the first time to a project built in Italy and designed by a young talented Italian architect.
More than 300 projects, all completed in the last three years, were submitted. The fall in the number of Italian entries testifies to the severe crisis suffered by architectural design in our country. This was, however, offset by a larger number of international submissions from all over the world, confirming the Award's prestige.
The "Architecture Table" on which the works selected by the International Jury will be displayed bears the signature of Renzo Piano, our guest of honour this year with the Exhibition "Renzo Piano Building Workshop - archivi" held in Padua's Palazzo della Ragione.
The Barbara Cappochin Foundation and the Italian Architects Association are sincerely grateful to all participants, the International Jury, its institutional partners and sponsors and all those who have given their technical assistance, so helping us to keep Barbara's memory alive.

RENZO PIANO
Renzo Piano Building Workshop (RPBW)

Quando mi é stato chiesto di disegnare un tavolo itinerante per esporre i progetti del Premio Barbara Cappochin la prima cosa che ho pensato è stata di usare la Pietra di Vicenza e di mettere in risalto la naturale bellezza di questo materiale. Quella vibrante trama che porta visibili i segni delle sue origini da un'antica barriera corallina, mi ha spinto ad intervenire il meno possibile con il mio disegno.
Ho preferito scegliere dei blocchi dalla cava assecondando le forme e dimensioni tipiche di quelle tecniche di estrazione. Ciascun blocco è stato poi diviso longitudinalmente a metà. Si sono ottenuti così, per ogni elemento estratto, i piani per due tavoli, che mantenevano sui fronti laterali e sul piano inferiore i segni disomogenei dell'estrazione.
Metterli insieme secondo una sequenza ritmata è stato il passo successivo, ottenendo così un Tavolo di 20 metri di sviluppo lineare.
Bisognava naturalmente trovare un sistema per appoggiare i blocchi al terreno e per questo abbiamo messo a punto dei supporti regolabili di acciaio, opportunamente posizionati, per fare in modo che si vedessero il meno possibile, lasciando la scena alla sola pietra. Questi supporti garantiscono anche la regolazione dell'altezza in funzione dello spessore del blocco e della pendenza del terreno.

Upon being asked to design a mobile table to display the projects from the Barbara Cappochin Award, my mind immediately flicked towards Vicenza Stone and the idea of highlighting the natural beauty of this material. That vibrant pattern with evident signs of its coralline origins made me determined to interfere with my design as little as possible.
I went for quarry blocks, favouring the typical shapes and sizes of those quarrying techniques. Each block was then divided in half longitudinally. This produced two table tops for each quarried piece of stone, both bearing uneven quarrying marks on the sides and bottom. Then, I put them together in a rhythmic sequence, creating a 20m-long table.
Of course, I needed to find a way to secure the blocks to the ground, so we developed steel supporting structures that would, when carefully placed, hide the legs as much as possible, leaving the scene entirely to the stone. The height of these structures can be altered, making it possible to compensate for the size of the block or any slope the table might be on.

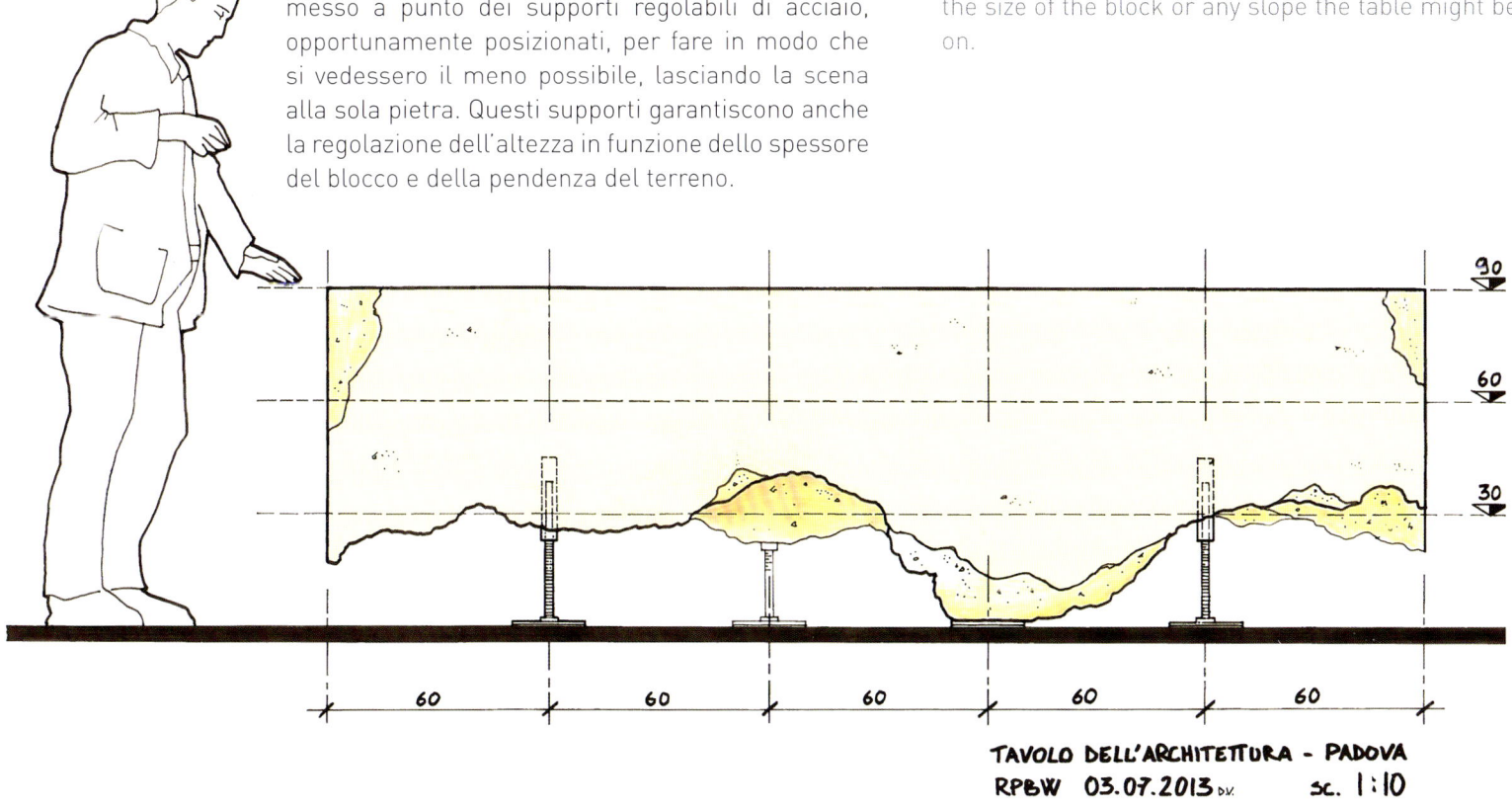

TAVOLO DELL'ARCHITETTURA - PADOVA
RPBW 03.07.2013 D.V. sc. 1:10

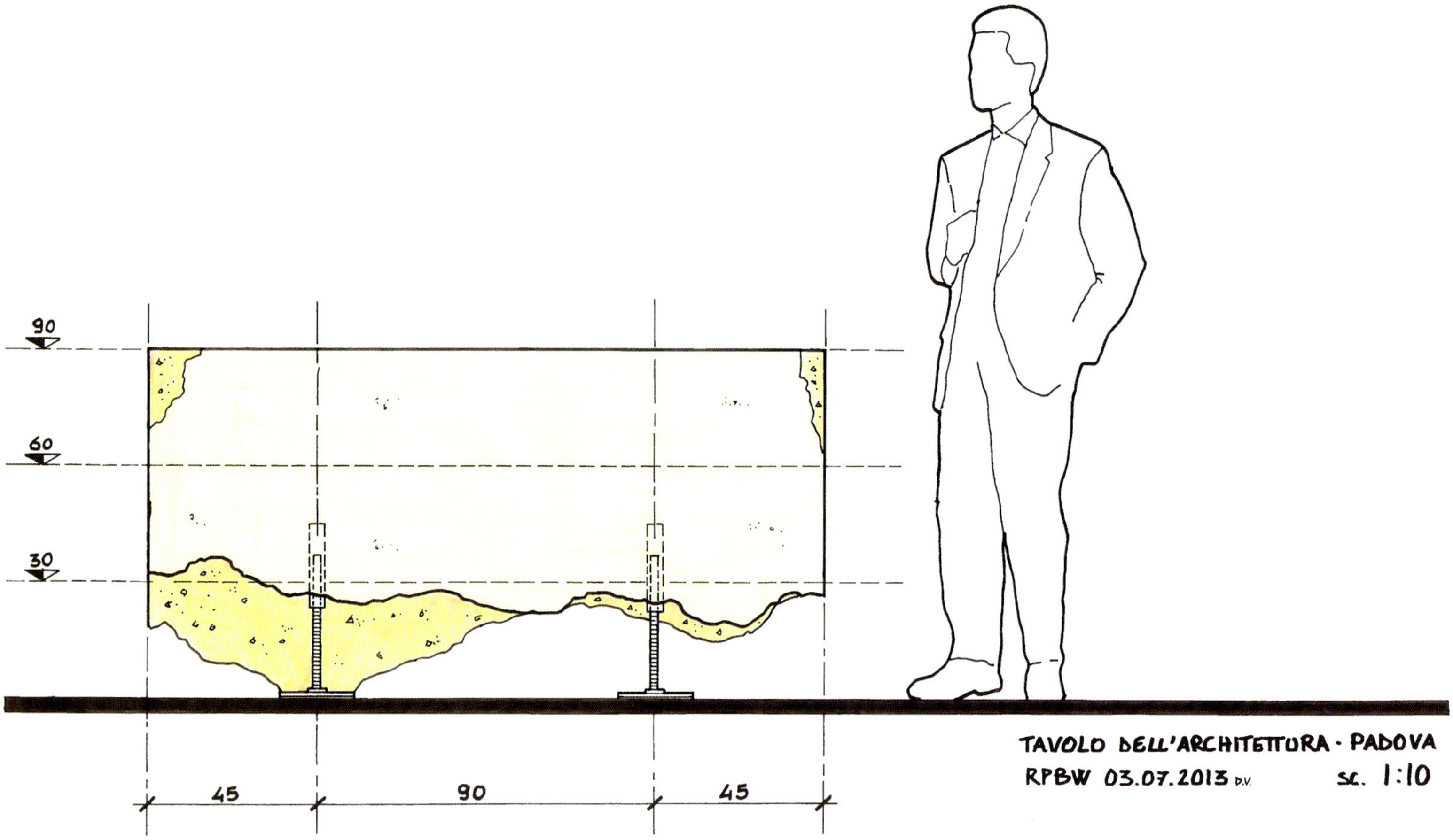

TAVOLO DELL'ARCHITETTURA - PADOVA
RPBW 03.07.2013 D.V.   sc. 1:10

Il materiale scelto è Pietra Gialla, una delle tre tonalità esistenti della Pietra di Vicenza (le altre sono bianca e grigia); nella cava di provenienza, che si trova a Grancona sui Colli Berici, vengono coltivate la Pietra Gialla e la Pietra Grigia. Il passaggio cromatico, dovuto a un processo chimico, è netto, come si può notare anche in uno dei blocchi utilizzati che presenta appunto un angolo grigio nella massa gialla.
Vicenza Stone comes in three hues, namely white, grey and the one chosen for this project, yellow. The stone was quarried in the Grancona quarry, in the Berici Hills, where both the yellow and the grey hues are mined. A chemical process accounts for the colour difference, which is fairly marked and even evident in one of the blocks used where a corner is grey and the rest yellow.

Foto di Cantiere / Worksite

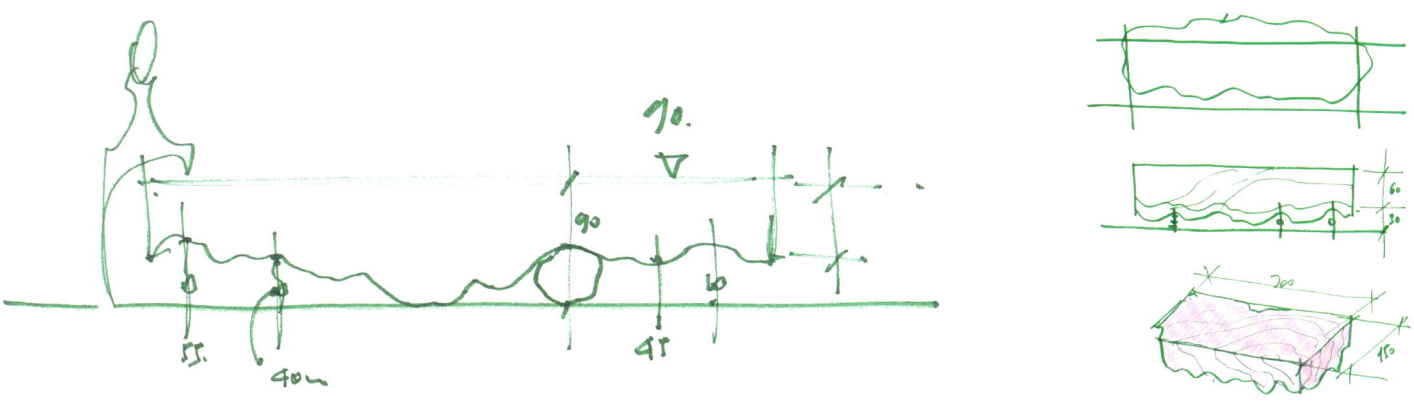

Foto di Cantiere / Worksite

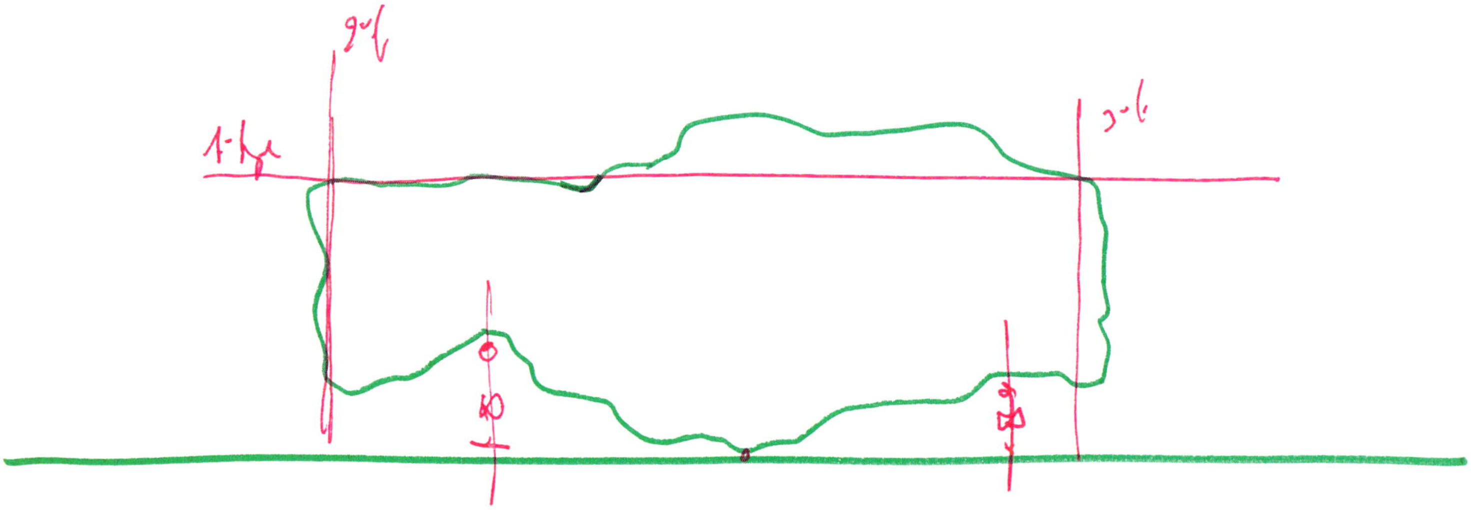

La peculiarità di tali cave è di essere in galleria, con un sistema di coltivazione cosiddetta "per vuoti", ossia scavando gallerie di circa 8x8m e lasciando pieni di pari dimensione a sostenere i carichi dei terreni soprastanti. A partire dall'epoca romana e sino agli anni '50 lo scavo era manuale, oggi avviene mediante appositi macchinari a motore elettrico muniti di braccio a catena dentata che permette di estrarre anche dimensioni eccezionali.

These quarries are slightly unusual as the stone is extracted from a tunnel using a system of "voids" (i.e. 8x8m areas) that are counterbalanced by solid sections left in place to support the weight of the land above. From the Roman era until the 1950s, the stone was quarried manually, but now the work is done by motorised machines with serrated chain arms that can cut out enormous blocks.

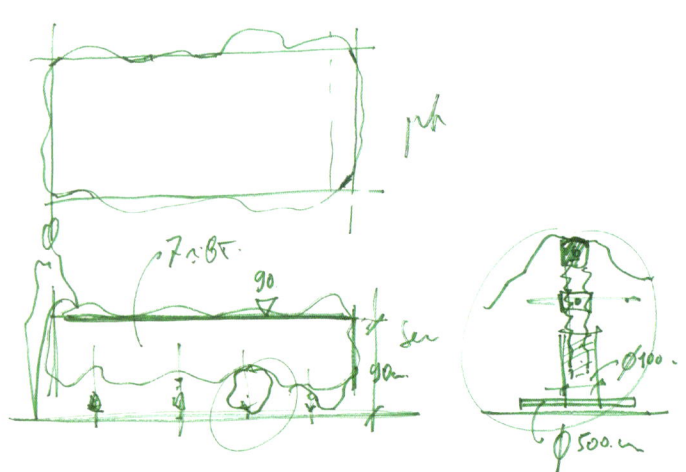
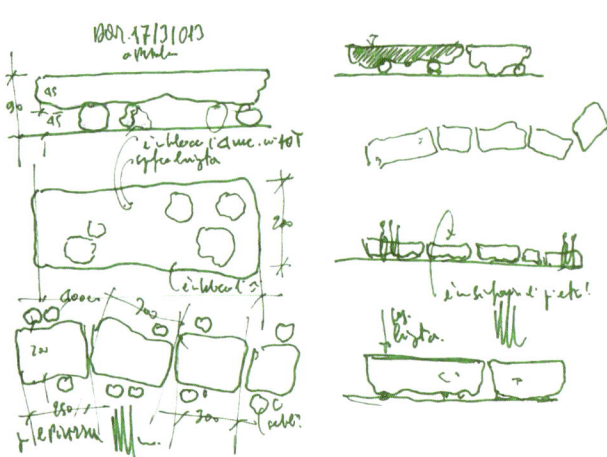

PREMIO BIENNALE
INTERNAZIONALE DI
ARCHITETTURA
BARBARA CAPPOCHIN

PREMIO INTERNAZIONALE
MEDAGLIA D'ORO GIANCARLO IUS
PREMIO PROVINCIALE

INTERNATIONAL
BIENNIAL
BARBARA CAPPOCHIN
ARCHITECTURE PRIZE

INTERNATIONAL PRIZE
GIANCARLO IUS GOLD MEDAL
PROVINCIAL PRIZE

PREMIO BIENNALE
INTERNAZIONALE DI
ARCHITETTURA
BARBARA CAPPOCHIN

PREMIO INTERNAZIONALE

INTERNATIONAL
BIENNIAL
BARBARA CAPPOCHIN
ARCHITECTURE PRIZE

INTERNATIONAL PRIZE

INTERNATIONAL PRIZE
NUNZIO GABRIELE SCIVERES

Project: A2M Social Housing | **Architect:** Nunzio Gabriele Sciveres (preliminary project with Maria Giuseppina Grasso Cannizzo)
Typology: Residential Architecture | **Place:** Marina di Ragusa (Italy) | **Date:** 2011 | **Contractor:** Infisud Srl
Client: Cooperativa Alba 2000 | **Volume:** 9.750 cubic m

A2M SOCIAL HOUSING

NUNZIO GABRIELE SCIVERES

Situato in un'area di nuova edificazione sulla collina che domina Marina di Ragusa, A2M è un progetto realizzato con l'ambizione dichiarata di portare avanti una proposta di edilizia residenziale pubblica capace di anteporre la ricerca delle migliori condizioni di comfort ambientale e qualità dello spazio domestico alle ragioni degli indici di fabbricabilità e del mercato immobiliare: massimo volume costruito per minimo costo di costruzione. Punti chiave del progetto la differenziazione delle unità immobiliari, la ricerca del miglior soleggiamento, l'affaccio panoramico verso il mare, l'estensione dei giardini e degli spazi aperti privati, superando i criteri di saturazione edilizia del lotto, ripetizione indifferenziata della stessa tipologia abitativa e cessione di spazio verde in favore della viabilità. In considerazione delle caratteristiche fisiche dell'area e del programma costruttivo che prevede un'aggregazione delle case a schiera, si decide di disporre le unità con il lato lungo ortogonale rispetto alla direzione nord-sud e alla linea di massima pendenza, secondo un orientamento che coniuga al meglio le esigenze di soleggiamento e ventilazione naturale, di ampliamento della vista verso il mare e di privacy degli spazi esterni.

Le 25 unità vanno così a comporre un sistema articolato in sei fasce della profondità dei 5 metri con orientamento est-ovest, all'interno delle quali si alternano volumi edificati e spazi aperti.

Un percorso carrabile ad anello e a senso unico di percorrenza serve tutte le unità.

La tradizionale uniformità della schiera viene evitata attraverso l'elaborazione di dieci tipologie di unità distinte; le sei fasce di abitazioni si presentano varie per altezza e articolazione dei volumi; ampie porte-finestre su fronti opposti offrono continuità tra interno ed esterno, favorendo ventilazione naturale e garantendo la doppia esposizione; lo sviluppo del giardino sui lati lunghi delle case garantisce maggiore privacy nei patii e nelle verande, mentre le ampie zone ombreggiate all'esterno moltiplicano la superficie abitabile.

Situated in a new build area on the hill overlooking Marina di Ragusa, A2M is an intentionally ambitious residential housing project. The initiative is designed to give precedence to optimum conditions of environmental comfort and quality living space over the ethos of the building industry and real estate market: maximum building volume for minimum construction cost. The hallmarks of the project are different building sizes, a search for optimum sunlight exposure, panoramic views overlooking the sea, and an expanse of gardens and private open spaces, overcoming building lot saturation criteria, an endless repetition of the same type of dwellings, and swapping green space for roads. By respecting the building plan for a cluster of modern terraced houses, and entertaining the physical features of the area, the architect opted to position the dwellings with their longer side orthogonal to the north-south and the maximum slope direction. This orientation best accommodates the needs for sunlight and natural ventilation, an extensive sea view and private outdoor spaces.

The 25 dwellings constitute an articular six-band system five metres deep with east-west orientation within which buildings and open spaces alternate. All the homes are served by a single one-way ring road. Ten different house designs break up the traditional uniformity of a terrace house development, while the six bands of dwellings vary in height and size. Wide French doors on opposite sides link indoor and outdoor spaces, favouring natural ventilation and ensuring a dual exposure. The garden running along the longer sides of the houses guarantees more privacy in the patio and veranda spaces, while the large shaded outdoor areas increase the living space.

20 Premio Internazionale / International Prize

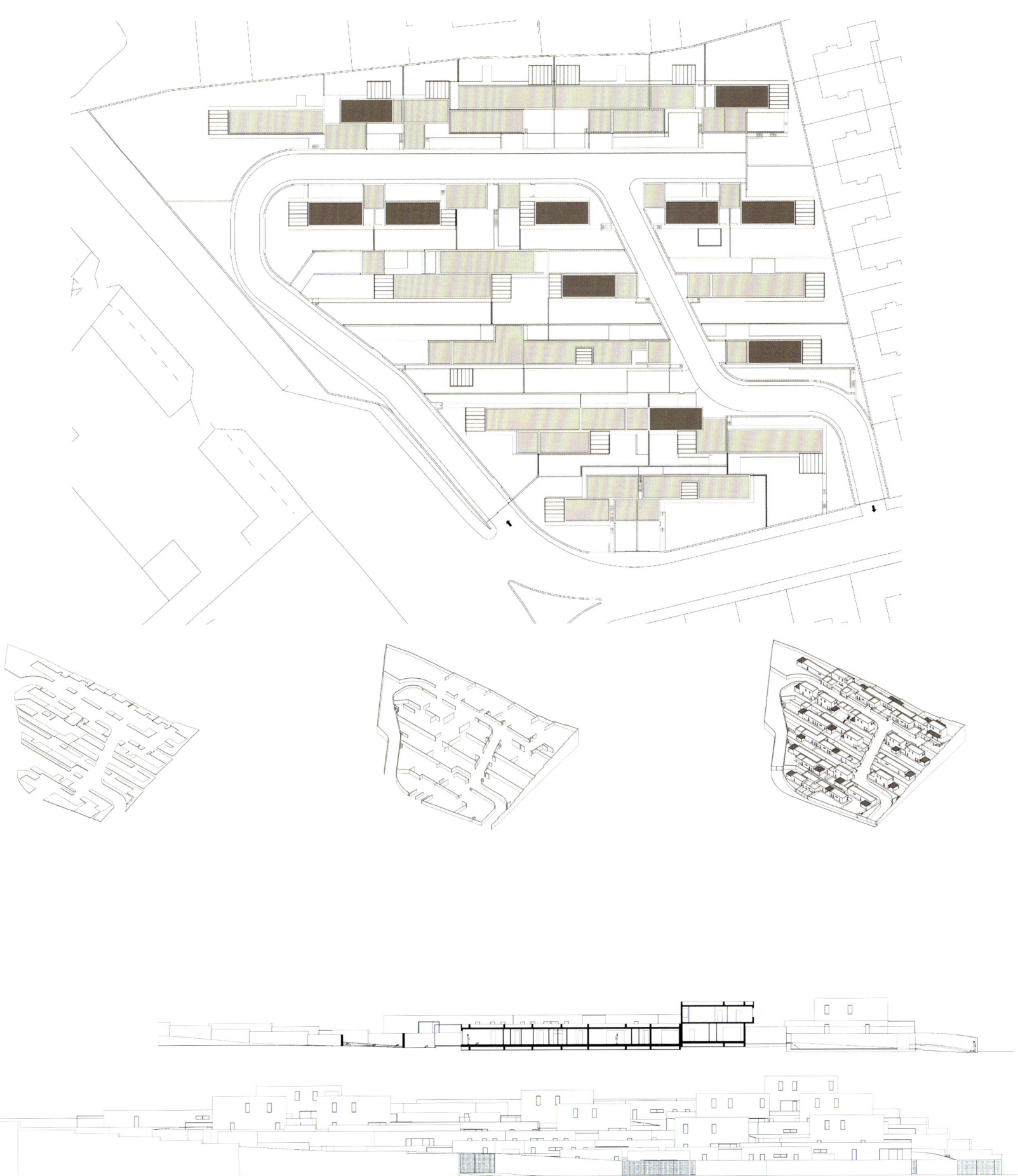

Premio Internazionale / International Prize 21

Premio Internazionale / International Prize

HONOURABLE MENTION
BARGE BOUZA ARQUITECTURA

Project: Cultural and Ethnographic Center of Mandeo River | **Architect:** Santiago Barge | **Collaborator:** Diego Lareo
Typology: Public Architecture | **Place:** A Coruña (Spain) | **Date:** 2012 | **Contractor:** Construcciones Fontenla
Client: Excma. Diputación Provincial de A Coruña | **Volume:** 5.419 cubic m

HONOURABLE MENTION
IÑAQUI CARNICERO

Project: Hangar 16 Matadero - Madrid | **Architect:** Iñaqui Carnicero | **Collaborators:** Ignacio Vila, Alejandro Virseda, Manuel Iglesias
Typology: Public Architecture | **Place:** Madrid (Spain) | **Date:** 2011 | **Contractor:** Vias | **Client:** Madrid City Hall | **Volume:** 40.000 cubic m

HONOURABLE MENTION
AVANTO ARCHITECTS

Project: Chapel of St. Lawrence | **Architect:** Anu Puustinen | **Collaborators:** Kai Korhonen, Felix Laitinen, Tommi Tuokkola, Jonna Käppi, Asami Naito | **Typology:** Public Architecture | **Place:** Vantaa (Finland) | **Date:** 2010
Contractor: Rakennuspartio Ltd | **Client:** Vantaa Parish Union | **Volume:** 7.697 cubic m

Premio Internazionale / International Prize

SPECIAL MENTION
THAM & VIDEGÅRD ARKITEKTER

Project: Tree Hotel | **Architect:** Bolle Tham | **Collaborators:** Andreas Helgesson Gonzaga, Mia Nygren, Julia Gudiel Urbano
Typology: Retail, Office and Mixed-use Architecture | **Place:** Harads (Sweden) | **Date:** 2010 | **Contractor:** Bomek AB
Client: Britta och Kent Lindvall / Treehotel AB | **Volume:** 64 cubic m

Premio Internazionale / International Prize

BEST WORKS
MODUS ARCHITECTS

Project: Ring Road | **Architect:** Matteo Scagnol | **Collaborator:** Mario Valdemarin | **Typology:** Landscape Architecture
Place: Bressanone (Italy) | **Date:** 2011 | **Contractor:** PAC Spa | **Client:** Provincia Autonoma di Bolzano, Ripartizione Infrastrutture

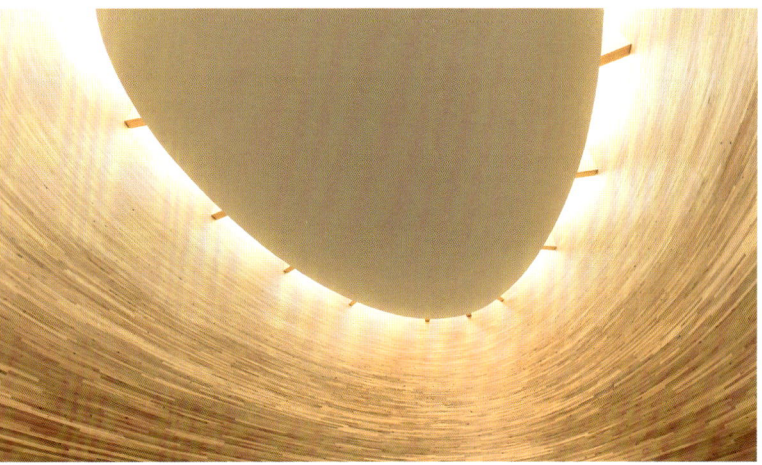

BEST WORKS
K2S ARCHITECTS

Project: Kamppi Chapel of Silence | **Architect:** Mikko Summanen | **Typology:** Public Architecture
Place: Helsinki (Finland) | **Date:** 2012 | **Contractor:** Pakrak Oy
Client: Helsinki Parish Union and the City of Helsinki | **Volume:** 2.100 cubic m

BEST WORKS
STUDIO TAMASSOCIATI

Project: Paediatric Centre in Port Sudan | **Architect:** Massimo Lepore | **Collaborators:** Raul Pantaleo, Pietro Parrino, Rossella Miccio, Marco Paissan, Francesco Steffinlongo, Roberto Crestan | **Typology:** Public Architecture | **Place:** Port Sudan (Sudan) **Date:** 2012 | **Contractor:** Emergency Ngo | **Client:** Emergency Ngo | **Volume:** 3.760 cubic m

BEST WORKS
TALLER BÁSICO DE ARQUITECTURA

Project: Health faculty of San Jorge University | **Architect:** Javier Pérez Herreras | **Collaborators:** Edurne Díaz de Arcaya, David Santamaría, Leire Zaldua, Daniel Ruiz de Gordejuela | **Typology:** Public Architecture | **Place:** Villanueva de Gállego (Spain)
Date: 2012 | **Contractor:** San Jorge UTE | **Client:** Universidad San Jorge Foundation | **Volume:** 4.1910 cubic m

BEST WORKS
FRPO - RODRIGUEZ & ORIOL ARQUITECTOS

Project: MO House | **Architect:** Pablo Oriol | **Typology:** Residential Architecture | **Place:** Madrid (Spain) | **Date:** 2012
Contractor: Alter Materia | **Client:** Carmen Martínez | **Volume:** 1.003 cubic m

BEST WORKS
KEISUKE KAWAGUCHI + K2-DESIGN

Project: Residence in Daisen The Aperture the Forest | **Architect:** Keisuke Kawaguchi | **Collaborator:** Yuhei Ryuno
Typology: Residential Architecture | **Place:** Tottori (Japan) | **Date:** 2011
Contractor: Ltd. Ichie Ken Sho | **Volume:** 1.344 cubic m

BEST WORKS
ABALO ALONSO ARQUITECTOS

Project: Centro de Salud en Monterroso | **Architect:** Elizabeth Abalo | **Collaborators:** David Lareo, Carlos Bóveda, Inaec Ingenieria, Francisco Gonzalez | **Typology:** Public Architecture | **Place:** Monterroso (Spain) | **Date:** 2013 | **Contractor:** UTE Inabensa Fontenla
Client: Sergas. Xunta de Galicia | **Volume:** 3.300 cubic m

BEST WORKS
MAGEN ARQUITECTOS

Project: Administrative Regional Centre for the Develpment of Local Alabaster | **Architect:** Jaime Magen
Typology: Public Architecture | **Place:** Hijar-Teruel (Spain) | **Date:** 2011 | **Contractor:** Conavinsa Grupo Prainsa
Client: Comarca del Bajo Martin | **Volume:** 4.714 cubic m

BEST WORKS
VERSTAS ARCHITECTS

Project: Saunalahti School | **Architect:** Väinö Nikkilä | **Collaborators:** Ville Nurkka, Jari Saajo, Aapo Airas, Karola Sahi
Typology: Public Architecture | **Place:** Espoo (Finland) | **Date:** 2012 | **Contractor:** YIT Rakennus Oy
Client: City of Espoo | **Volume:** 54.900 cubic m

BEST WORKS
THAM & VIDEGÅRD ARKITEKTER

Project: House Lagnö | **Architect:** Bolle Tham | **Collaborator:** Anna Jacobson | **Typology:** Residential Architecture
Place: Västra Lagnö (Sweden) | **Date:** 2012 | **Contractor:** BTNG Projekt AB | **Volume:** 595 cubic m

BEST WORKS
RIPOLLTIZON

Project: Social Housing in Sa Pobla | **Architect:** José Ripoll Vaquer | **Collaborators:** Juan Miguel Tizón Garan, Pablo García, Luis Sánchez, Jorge Martín, Javier Vela, Toni Arqué | **Typology:** Residential Architecture | **Place:** Sa Pobla (Spain) | **Date:** 2012
Contractor: Obras y Contrucciones Pedro Siles, S.L. | **Client:** Institut Balear de L'habitatge - Ibavi | **Volume:** 6.494 cubic m

BEST WORKS
ARQUITECTURIA: JOSEP CAMPS + OLGA FELIP

Project: Museum of Energy | **Architect:** Josep Camps | **Collaborators:** Mariella Agudo, Aitor Horta, Irene Solà, Jaume Farrés, Albert Serrats | **Typology:** Public Architecture | **Place:** Ascó (Spain) | **Date:** 2011
Contractor: TCSA | **Client:** Anav | **Surface Area:** 1.415 sq m

BEST WORKS
ABALO ALONSO ARQUITECTOS

Project: Infantile school in the Ourense University Campus | **Architect:** Elizabeth Abalo | **Collaborators:** Gonzalo Alonso, Francisco Gonzalez, Carlos Bovéda, Xeoaquis | **Typology:** Public Architecture | **Place:** Vigo (Spain) | **Date:** 2011
Contractor: Construcciones Paraxe S.L. | **Client:** Universidad de Vigo. Vicerrectoría Campus de Ourense | **Volume:** 1.300 cubic m

BEST WORKS
HIROSHI NAKAMURA & NAP

Project: Sayama Lakeside Cemetery Park Community Hall | **Architect:** Hiroshi Nakamura | **Typology:** Public Architecture
Place: Saitama (Japan) | **Date:** 2013 | **Contractor:** Matsui Kensetsu K.K.
Client: Boenfukyukai Foundation | **Volume:** 402 cubic m

BEST WORKS
SEAN GODSELL ARCHITECTS

Project: RMIT Design Hub | **Architect:** Sean Godsell | **Collaborators:** Peddle Thorp Architects | **Typology:** Public Architecture
Place: Melbourne (Australia) | **Date:** 2012 | **Contractor:** Watpac | **Client:** Rmit University | **Volume:** 43.000 cubic m

BEST WORKS
TALLER BÁSICO DE ARQUITECTURA

Project: Biokilab Laboratories | **Architect:** Javier Pérez Herreras | **Collaborators:** Edurne Pérez, Xabier Ilundain, Laura Elvira
Typology: Retail, Office and Mixed-use Architecture | **Place:** Miñano Mayor (Spain) | **Date:** 2010
Contractor: Construcciones Hierro Lopez de Arbina S.A. | **Client:** Biokilab S.L. | **Volume:** 1.488 cubic m

BEST WORKS
GUILLERMO VÁZQUEZ CONSUEGRA ARQUITECTO

Project: Palazzo dei Congressi di Siviglia | **Architect:** Guillermo Vázquez Consuegra | **Collaborators:** Marcos Vázquez Consuegra, Juan Calvo, Higini Arau, Teresa Galí, Ayesa | **Typology:** Public Architecture | **Place:** Sevilla (Spain)
Date: 2012 | **Contractor:** UTE Fibes (Acciona-Inabensa-Heliopol)
Client: Consorcio Palacio de Exposiciones y Congresos de Sevilla (Emvisesa) | **Volume:** 225.000 cubic m

BEST WORKS
D·LIM ARCHITECTS

Project: Ahn Jung-geun Memorial Hall | **Architect:** Young Lim | **Typology:** Public Architecture | **Place:** Seoul (South Korea)
Date: 2013 | **Contractor:** Daewoo E&C | **Client:** Ahn Jung-Geun Memorial | **Volume:** 22.120 cubic m

BEST WORKS
CRUZ Y ORTIZ ARQUITECTOS

Project: The New Rijksmuseum | **Architect:** Antonio Cruz | **Typology:** Public Architecture | **Place:** Amsterdam (Netherlands)
Date: 2013 | **Contractor:** JP Van Eesteren | **Client:** Rijksmuseum | **Volume:** 300.000 cubic m

BEST WORKS
KAUNITZ YEUNG ARCHITECTURE

Project: Takara Classrooms | **Architect:** David Kaunitz | **Collaborators:** Peter Lawther, Bruce Hutchison, Bob Nikaih, Jackson Tambe, Jean Marc Blupan | **Typology:** Public Architecture | **Place:** Takara (Vanuatu) | **Date:** 2012
Contractor: Community of Takara | **Client:** Ministry of Education | **Volume:** 577 cubic m

BEST WORKS
GUILLERMO VÁZQUEZ CONSUEGRA ARQUITECTO

Project: Complesso di Edilizia Popolare in Vallecas | **Architect:** Guillermo Vázquez Consuegra | **Collaborators:** Marcos Vázquez Consuegra, Edartec Consultores, S.L., Insur-JG, S.L., Teresa Galí | **Typology:** Residential Architecture | **Place:** Madrid (Spain)
Date: 2012 | **Contractor:** OCA Construcciones y Pyroyectos S.A. | **Client:** Empresa Municipal de Vivienda y Suelo de Madrid, S.A.
Volume: 68.000 cubic m

BEST WORKS
MATTHEW GRIBBEN ARCHITECTURE

Project: Five Courts House | **Architect:** Matthew Gribben | **Collaborators:** Laure Vincent de Vaugelas, Hao Quan Cai | **Typology:** Residential Architecture | **Place:** Sydney (Australia) | **Date:** 2011
Contractor: Paul Cigana Builder | **Volume:** 812 cubic m

BEST WORKS
LARRAZ + BEGUIRISTAIN + BERGERA

Project: Nursery School in Berriozar | **Architect:** Javier Larraz | **Collaborator:** Juan Miguel Garcia Moreda
Typology: Public Architecture | **Place:** Berriozar (Spain) | **Date:** 2012 | **Contractor:** HNV Harinsa Navasfalt
Client: Ayuntamiento de Berriozar | **Volume:** 3.834 cubic m

BEST WORKS
GONZALO MARDONES VIVIANI ARQUITECTO

Project: 45 Cappelle d'Emergenza | **Architect:** Gonzalo Mardones Viviani | **Typology:** Public Architecture
Place: Santiago De Chile (Chile) | **Date:** 2011 | **Contractor:** Ciappa
Client: Fundacion Ais Chile | **Volume:** 645 cubic m

BEST WORKS
SUÁREZ SANTAS ARQUITECTOS

Project: Sacred Art Business Park | **Architect:** Luis Suárez | **Collaborators:** Patricio Mendinueta, Joaquín Martín, Fernando Alonso, José Antonio Díez | **Typology:** Public Architecture | **Place:** Sevilla (Spain) | **Date:** 2010 | **Contractor:** Ferrovial
Client: Sevilla Global | **Volume:** 128.530 cubic m

BEST WORKS
GONZALO MARDONES VIVIANI ARQUITECTO

Project: Memoriale per Nove Ragazze | **Architect:** Gonzalo Mardones Viviani | **Typology:** Landscape Architecture
Place: Santiago de Chile (Chile) | **Date:** 2011 | **Contractor:** Covalco
Client: Municipalidad de Vitacura | **Volume:** 350 cubic m

BEST WORKS
ARQUITECTURIA: JOSEP CAMPS + OLGA FELIP

Project: Ferreries Cultural Centre | **Architect:** Josep Camps | **Collaborators:** Mariella Agudo, Aitor Horta, Irene Solà, Jaume Farrés
Typology: Public Architecture | **Place:** Tortosa (Spain) | **Date:** 2011 | **Contractor:** Grup Tau Icesa
Client: Tortosa City Council (Gumtsa) | **Volume:** 5.751 cubic m

BEST WORKS
SNE ARCHITECTS

Project: Rabalderparken | **Architect:** Søren Nordal Enevoldsen | **Typology:** Landscape Architecture
Place: Roskilde (Denmark) | **Date:** 2012 | **Contractor:** Hoffmann A/S + Grindline
Client: Roskilde Kommune - Musicon-Sekretariatet Samt Teknik & Miljø (Marianne Wibholm) | **Surface Area:** 40.000 sq m

BEST WORKS
LENS°ASS ARCHITECTS

Project: Rabbit Hole | **Architect:** Bart Lens | **Typology:** Residential Architecture | **Place:** Gaasbeek (Belgium)
Date: 2010 | **Contractor:** Maurice Vierendeel | **Client:** De Meuter | **Volume:** 2.668 cubic m

BEST WORKS
MARRA + YEH ARCHITECTS

Project: Shelter@Rainforest | **Architect:** Carol Marra | **Collaborator:** Max Irvine | **Typology:** Residential Architecture
Place: Sabah (Malaysia) | **Date:** 2012 | **Contractor:** Salvador Laput Paler | **Volume:** 750 cubic m

BEST WORKS
GSMM ARCHITETTI

Project: Casa nella Quinta do Carvalheiro | **Architect:** Giorgio Santagostino | **Typology:** Residential Architecture
Place: São Francisco da Serra (Portugal) | **Date:** 2013 | **Contractor:** Ferreira Batista Lda | **Volume:** 390 cubic m

BEST WORKS
GONÇALO BYRNE ARQUITECTOS + BARBAS LOPES ARQUITECTOS

Project: Teatro Thalia | **Architect:** Gonçalo Byrne | **Collaborators:** Patrícia Barbas, Diogo Lopes | **Typology:** Public Architecture
Place: Lisbona (Portugal) | **Date:** 2012 | **Contractor:** Arlindo Correia E Filhos, Sa
Client: Ministério da Educação e Ciência | **Volume:** 11.710 cubic m

BEST WORKS
VS ASSOCIATI

Project: Ampliamento Orto Botanico | **Architect:** Giorgio Strappazzon | **Collaborators:** Simoncello Associati, Sint Ingegneria, Stanton Williams, Andrea Spoldi | **Typology:** Public Architecture | **Place:** Padova (Italy) | **Date:** 2013
Contractor: Carron Cav. Angelo Spa | **Client:** Università degli Studi di Padova | **Volume:** 51.358 cubic m

BEST WORKS
TNDESIGN ARCHITECTURAL DESIGN OFFICE

Project: SI-house | **Architect:** Shingyo Ozawa | **Collaborator:** Yasutaka Konishi | **Typology:** Residential Architecture | **Place:** Lida (Japan) **Date:** 2012 | **Contractor:** Ohta-Kensetsu Co., Ltd. | **Client:** Atsuhiko Shimizu | **Volume:** 1.017 cubic m

BEST WORKS
ABALO ALONSO ARQUITECTOS

Project: Fundación Rubido Romero | **Architect:** Elizabeth Abalo | **Collaborators:** Berta Peleteiro, Carlos Bóveda, Inaec Ingenieria, Francisco Gonzalez | **Typology:** Public Architecture | **Place:** Negreira (Spain) | **Date:** 2011 | **Contractor:** Construcciones Quintans
Client: Fundación María Esperanza Rubido Romero | **Volume:** 615 cubic m

PREMIO BIENNALE
INTERNAZIONALE DI
ARCHITETTURA
BARBARA CAPPOCHIN

MEDAGLIA D'ORO GIANCARLO IUS

INTERNATIONAL
BIENNIAL
BARBARA CAPPOCHIN
ARCHITECTURE PRIZE

GIANCARLO IUS GOLD MEDAL

GIANCARLO IUS GOLD MEDAL
STUDIO TAMASSOCIATI

Project: Paediatric Centre in Port Sudan | **Architect:** Massimo Lepore | **Collaborators:** Raul Pantaleo, Pietro Parrino, Rossella Miccio, Marco Paissan, Francesco Steffinlongo, Roberto Crestan | **Typology:** Public Architecture | **Place:** Port Sudan (Sudan) **Date:** 2012 | **Contractor:** Emergency Ngo | **Client:** Emergency Ngo | **Volume:** 3.760 cubic m

PAEDIATRIC CENTRE

STUDIO TAMASSOCIATI

Il Paediatric Centre, realizzato alla periferia della città portuale di Port Sudan, affacciata sul mar Rosso, è uno dei pochi centri sanitari in grado di fornire assistenza gratuita ai bambini di questa grande regione, oggetto negli ultimi anni di un forte incremento demografico legato da un lato allo sviluppo del porto, dall'altro all'afflusso di rifugiati sfuggiti a diversi conflitti che interessano il territorio. L'ospedale, situato in un'area desertica tra due insediamenti di baracche e case in terra cruda, è un edificio molto semplice strutturato su una serie di cortili, e rappresenta il fulcro della rivitalizzazione sociale della zona, caratterizzata da diversi spazi pubblici che ospitano attività per adulti, un'area giochi e un piccolo campo sportivo. L'edificio è stato interamente costruito in mattoni prodotti localmente, con l'inserimento sulla facciata principale di frammenti di materiali provenienti dalla demolizione di edifici tradizionali, in particolare pietra di corallo. Significativo il sistema di gestione del clima all'interno dell'ospedale; le spesse murature perimetrali ventilate costituiscono un involucro atto a dissipare il calore accumulato nel giorno e a ridurne il flusso attraverso il muro durante le ore più calde; anche la copertura è stata realizzata con una doppia pelle ventilata, in laterizio all'interno e metallo all'esterno. La circolazione dell'aria è garantita dall'integrazione del tradizionale badgir, sistema naturale che sfrutta i moti convettivi dell'aria captata da alti camini, con un sistema di raffreddamento meccanico adiabatico realizzato utilizzando due dispositivi di raffreddamento ad acqua. Questa tecnologia, un'innovazione per il Sudan, garantisce un basso consumo energetico, bassi costi di gestione e consente di ottenere all'interno dell'ospedale una riduzione di 10° C rispetto alla temperatura esterna, anche in situazioni estreme.

Located on the outskirts of the city of Port Sudan on the Red Sea, the Paediatric Centre is one of the few health centres providing free healthcare to the children of a vast region that has seen a sharp population rise over recent years due to the development of the port but also to the considerable influx of refugees from neighbouring war-torn zones. Built in a desert landscape between two shantytown settlements, the hospital is a very simple structure with a series of courts. It is the springboard for the social revitalisation of the whole area, however, with several public spaces for adults and children and a small sports ground. The building has been entirely built from locally sourced bricks. The main facade is decorated with shards of material - especially pieces of coral stone recovered from demolished traditional buildings. The temperature control system within the hospital is especially noteworthy. Thick outer ventilated masonry walls provide an excellent envelope, dissipating the heat accumulated during the day and stopping much of it from seeping into the interior during the hottest hours. The roof also has a ventilated double skin: internal ceilings in masonry and an outer covering of metal. Air circulation is insured by the use of the traditional badgir, a natural convection ventilation system channelling hot air up tall stacks. This is supplemented by mechanical adiabatic cooling system employing two water-cooling devices. An innovation for Sudan, this low-maintenance technology consumes little energy and reduces temperatures inside the hospital by 10°C compared to the exterior even under severe weather conditions.

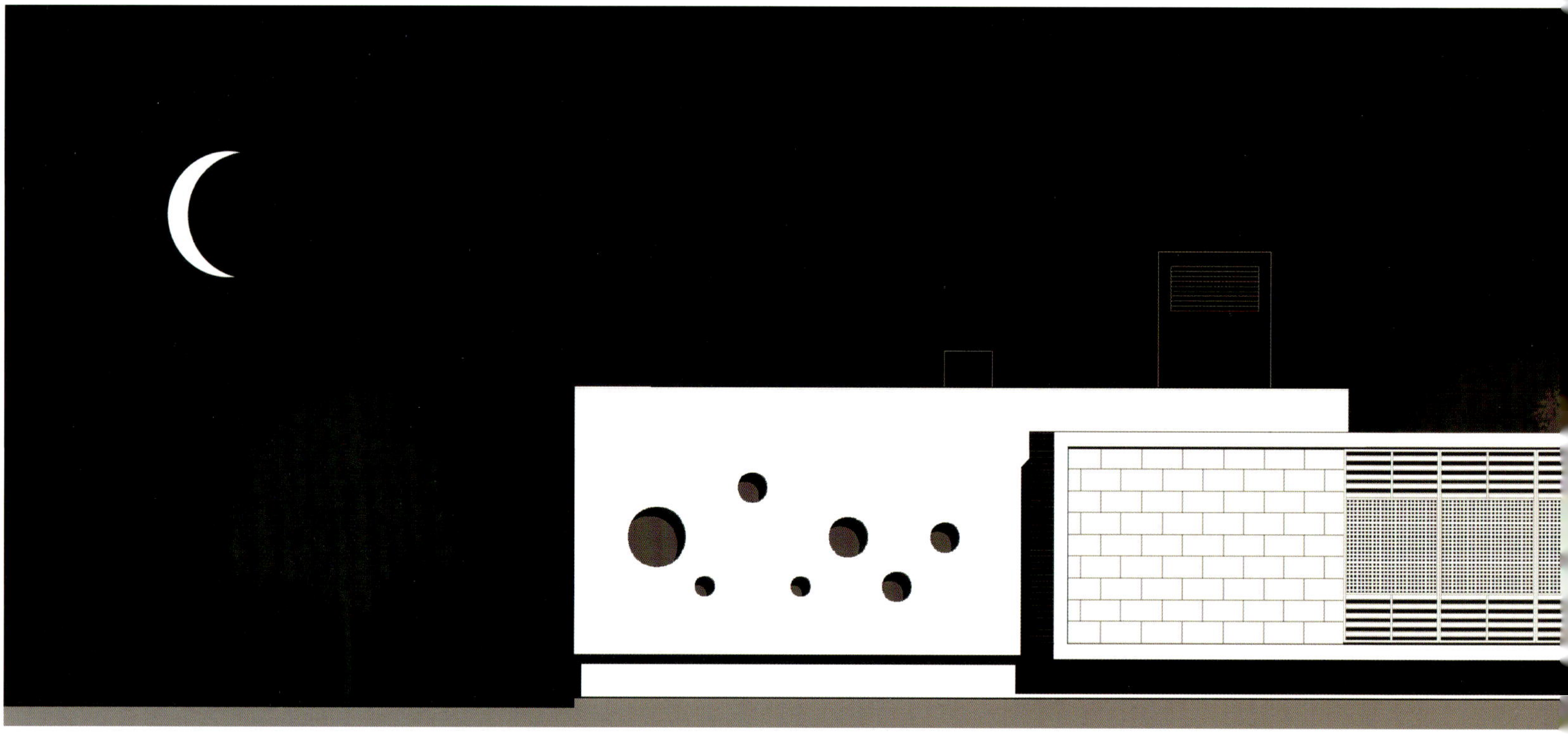

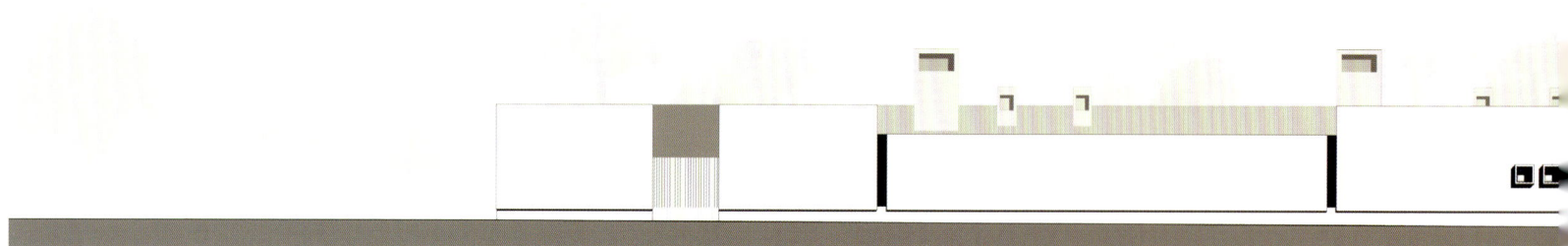

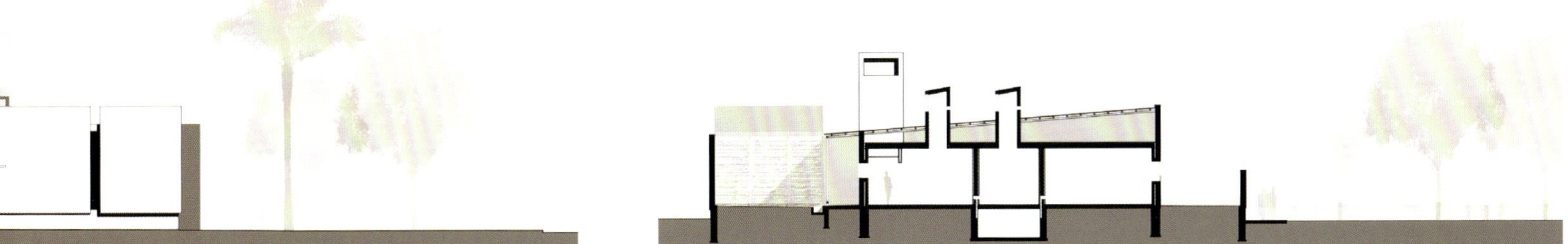

Medaglia d'Oro Giancarlo Ius / Giancarlo Ius Gold Medal

Medaglia d'Oro Giancarlo Ius / Giancarlo Ius Gold Medal

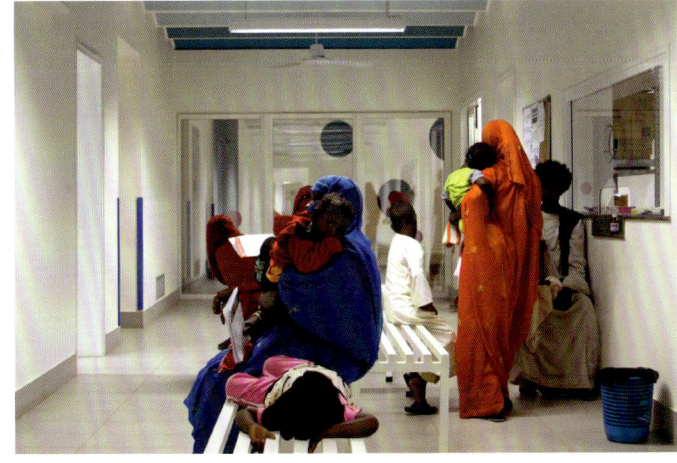

Medaglia d'Oro Giancarlo Ius / Giancarlo Ius Gold Medal

BEST WORKS
ABALO ALONSO ARQUITECTOS

Project: Infantile school in the Ourense University Campus | **Architect:** Elizabeth Abalo | **Collaborators:** Gonzalo Alonso, Francisco Gonzalez, Carlos Bovéda, Xeoaquis | **Typology:** Public Architecture | **Place:** Vigo (Spain) | **Date:** 2011
Contractor: Construcciones Paraxe S.L. | **Client:** Universidad de Vigo. Vicerrectoría Campus de Ourense | **Volume:** 1.300 cubic m

BEST WORKS
KEISUKE KAWAGUCHI + K2-DESIGN

Project: Residence in Daisen The Aperture the Forest | **Architect:** Keisuke Kawaguchi | **Collaborator:** Yuhei Ryuno
Typology: Residential Architecture | **Place:** Tottori (Japan) | **Date:** 2011 | **Contractor:** Ltd. Ichie Ken Sho | **Volume:** 1.344 cubic m

BEST WORKS
TRAVERSO-VIGHY ARCHITETTI

Project: Tvzeb | **Architect:** Giovanni Traverso | **Collaborators:** Giulio Dalla Gassa, Elena Panza
Typology: Retail, Office and Mixed-use Architecture | **Place:** Costabissara (Italy) | **Date:** 2012
Contractor: Legnami Pesavento Vittorio Srl | **Client:** Traverso-Vighy Architetti | **Volume:** 940 cubic m

BEST WORKS
SEAN GODSELL ARCHITECTS

Project: Rmit Design Hub | **Architect:** Sean Godsell | **Collaborator:** Peddle Thorp Architects | **Typology:** Public Architecture
Place: Melbourne (Australia) | **Date:** 2012 | **Contractor:** Watpac
Client: Rmit University | **Volume:** 43.000 cubic m

BEST WORKS
KUBOTA ARCHITECT ATELIER

Project: Kurasako Nursery School | **Architect:** Katsufumi Kubota | **Collaborators:** Takeo Sakuka, Norito Shinmura, Kazuyuki Kimoto
Typology: Public Architecture | **Place:** Hiroshima (Japan) | **Date:** 2011 | **Contractor:** Sumida
Client: Shouryufukushikai | **Volume:** 2.200 cubic m

BEST WORKS

ABDA - ARCHITETTI BOTTICINI DE APPOLONIA & ASSOCIATI

Project: Residenze Sperimentali a Selvino | **Architect:** Camillo Botticini | **Typology:** Residential Architecture | **Place:** Selvino (Italy)
Date: 2010 | **Contractor:** Quarema Costruzioni Srl | **Client:** Gbs Srl | **Volume:** 3.000 cubic m

BEST WORKS
1+1→2 ARCHITECTURE STUDIO

Project: Ta Phin Community House | **Architect:** Hao Hoang Thuc | **Collaborators:** Tung Pham Duy, Au Nguyen Van
Typology: Public Architecture | **Place:** Lao Cai (Vietnam) | **Date:** 2012 | **Contractor:** 1+1→2 Architecture studio
Client: Ta Phin village | **Volume:** 380 cubic m

BEST WORKS
LORENZO MARCONATO ARCHITETTO

Project: Casa MM | **Architect:** Lorenzo Marconato | **Typology:** Residential Architecture | **Place:** Verona (Italy) | **Date:** 2012
Contractor: AZ.IM.E. Srl | **Clients:** Lorenzo Marconato, Silvia Martini | **Volume:** 430 cubic m

Medaglia d'Oro Giancarlo Ius / Giancarlo Ius Gold Medal

BEST WORKS
MARIO CUCINELLA ARCHITECTS

Project: Parallelo Office Building | **Architect:** Mario Cucinella | **Typology:** Retail, Office and Mixed-use Architecture
Place: Milano (Italy) | **Date:** 2012 | **Contractor:** Cesi Soc. Coop. | **Client:** Duemme Sgr Spa | **Volume:** 35.000 cubic m

Medaglia d'Oro Giancarlo Ius / Giancarlo Ius Gold Medal

PREMIO BIENNALE INTERNAZIONALE DI ARCHITETTURA BARBARA CAPPOCHIN

PREMIO PROVINCIALE

INTERNATIONAL BIENNIAL BARBARA CAPPOCHIN ARCHITECTURE PRIZE

PROVINCIAL PRIZE

PROVINCIAL PRIZE
CZSTUDIO ASSOCIATI PAOLO CECCON LAURA ZAMPIERI ARCHITETTI

Project: Piazzale della Stazione di Padova | **Architect:** Paolo Ceccon | **Collaborators:** Arturo Imperato, Giulia Sperandio, Riccardo Palmieri, Fabio Labelli, Elisa Petriccioli | **Typology:** Landscape Architecture | **Place:** Padova (Italy)
Date: 2012 | **Contractor:** Martini Scavi di Martini Massimo Srl
Client: Comune di Padova - Settore Infrastrutture e Impianti Sportivi | **Volume:** 5.000 cubic m

PIAZZALE DELLA STAZIONE DI PADOVA

CZSTUDIO ASSOCIATI
PAOLO CECCON LAURA ZAMPIERI ARCHITETTI

Parte integrante di un più ampio programma di sviluppo del sistema dei trasporti a livello regionale, il progetto di riqualificazione dell'area del piazzale antistante la stazione di Padova si pone come obiettivo la realizzazione di uno spazio urbano unitario di qualità a servizio della città e non solo della mobilità. Tutta la progettazione è ispirata a criteri di comfort e sicurezza, al fine di restituire alla città uno spazio il cui degrado era andato aggravandosi nel corso degli ultimi anni.

Il progetto si articola innanzitutto attraverso l'esclusione del traffico automobilistico privato, la riduzione dello spazio destinato alla mobilità pubblica e l'ampliamento dello spazio ciclo-pedonale; la realizzazione di un nuovo parcheggio per 800 biciclette e l'inserimento di un punto di car sharing con veicoli elettrici sono ulteriori elementi a sostegno dello sviluppo della mobilità sostenibile. Attraverso l'uso dei materiali e la messa a dimora di nuove alberature la piazza è ridefinita non solo nelle dimensioni ma anche nell'orientamento dei flussi che la percorrono. L'area ciclopedonale è concepita come una grande piazza-giardino, il cui spazio può essere occupato per manifestazioni, piccole fiere, mercati temporanei. Lo studio dell'illuminazione artificiale ha portato all'identificazione di tre quote e tipologie di illuminamento differenziate riferite a piste ciclabili, spazi polifunzionali e di percorrenza stradale.

L'utilizzo esteso della vegetazione, oltre a sottolineare lo sviluppo longitudinale dello spazio ciclopedonale, è finalizzato alla realizzazione di zone di equilibrio termico e mitigazione dell'impatto delle superfici pavimentate. Allo stesso scopo contribuisce la trasformazione delle superfici verticali dei cavalcavia in pareti di vegetazione rampicante che fanno da sfondo ai singoli spazi. La vegetazione di progetto, prosecuzione le strutture arboree esistenti su Viale Codalunga, crea un corridoio ecologico per gli uccelli e reintroduce così la natura in un contesto urbano fortemente caratterizzato dalla mobilità.

Part of a broader regional transport redevelopment programme, the project to revamp the square and concourse in front of Padua's railway station aims to create a harmonious citizen–friendly urban space as well as allow ease of mobility. The design aims to provide a space that guarantees comfort and security, and so upgrade an area that had recently fallen into severe decline. A key decision was to exclude private cars, reduce the space given over to public transport and enlarge pedestrian and cycling paths. Sustainable mobility will be encouraged with a new bike parking area for 800 bicycles and an electric car-sharing dock.

Trees will be planted and materials used in such a way as to re-design the overall concourse and its traffic flows. The cycle and pedestrian area has been conceived as a large garden square that can also host shows, small trade fairs and local markets. The lighting system will be on three levels with three different types of illumination depending whether for roads, multi-purpose spaces or cycle paths.

As well as highlighting the longitudinal stretch of pedestrian and cycle circuits, the abundant new plantings will also have the effect of mitigating the temperatures developed by the large expanses of paving. Likewise, the pillars of the nearby flyover will be turned into green walls with climbing plants to form a pleasant backdrop to the square. This natural vegetation will be an extension of the existing trees running along Viale Codalunga and will create a natural habitat for birds, bringing nature back into an urban transport hub.

Premio Provinciale / Provincial Price

HONOURABLE MENTION
VS ASSOCIATI

Project: Ampliamento Orto Botanico | **Architect:** Giorgio Strappazzon | **Collaborators:** Simoncello Associati, Sint Ingegneria, Stanton Williams, Andrea Spoldi | **Typology:** Public Architecture | **Place:** Padova (Italy) | **Date:** 2013 | **Contractor:** Carron Cav. Angelo Spa
Client: Università degli Studi di Padova | **Volume:** 51.358 cubic m

HONOURABLE MENTION
ARCHITETTO PAOLA VERONESE

Project: Piazza delle Fratte | **Architect:** Paola Veronese | **Typology:** Public Architecture | **Place:** Lozzo Atestino (Italy) | **Date:** 2010
Contractor: Martini Scavi Srl, di Massimo Martini | **Client:** Amministrazione Comunale di Lozzo Atestino | **Surface Area:** 3.750 sq m

BEST WORKS
STUDIO ASSOCIATO ARCHITETTI M. BENETOLLO E P. MENEGUS

Project: Restauro e Ampliamento del Chiostro dell'Ex Convento di S.Margherita | **Architect:** Massimo Benetollo
Typology: Public Architecture | **Place:** Vigonza (Italy) | **Date:** 2012 | **Contractor:** A.S. Services Srl
Client: Parrocchia S.Margherita V.M. | **Volume:** 240 cubic m

BEST WORKS
ARCHITETTO ANDREA PERARO

Project: Casa a corte | **Architect:** Andrea Peraro | **Typology:** Residential Architecture | **Place:** Conselve (Italy) | **Date:** 2010
Contractor: F.lli Menorello-Costruzioni e Restauro | **Client:** Nicola Milan | **Volume:** 1.421 cubic m

BEST WORKS
STUDIO DI ARCHITETTURA LUISA DE BIASIO CALIMANI

Project: Piazza Europa | **Architect:** Luisa De Biasio Calimani | **Collaborators:** Luigi Endrizzi, Matteo Gambaro, Susanna Calimani, Daniele Agnolon | **Typology:** Public Architecture | **Place:** Noventa Padovana (Italy) | **Date:** 2012
Contractor: Nuova C.P.M Srl assorbita dalla Belvedere Spa dal 2013 | **Client:** Comune di Noventa Padovana | **Surface Area:** 9.145 sq m

BEST WORKS
ARCHITETTO JESSICA SARLI + ARCHITETTO GIANPAOLO DI BENEDETTO

Project: Villa a Selvazzano Dentro | **Architect:** Jessica Sarli | **Typology:** Residential Architecture | **Place:** Selvazzano Dentro (Italy)
Date: 2012 | **Contractor:** Ediland Srl | **Client:** Cinzia Fecondo | **Volume:** 1.300 cubic m

BEST WORKS
MICHELE GAMBATO ARCHITETTO, MGARK

Project: Casa Unifamiliare Limena, Padova | **Architect:** Michele Gambato | **Typology:** Residential Architecture
Place: Limena (Italy) | **Date:** 2013 | **Contractor:** Romagnosi Costruzioni Edili Sas | **Volume:** 870 cubic m

PREMIO BIENNALE INTERNAZIONALE DI ARCHITETTURA BARBARA CAPPOCHIN

RESTANTI PARTECIPANTI

INTERNATIONAL BIENNIAL BARBARA CAPPOCHIN ARCHITECTURE PRIZE

REMAINING PARTICIPANTS

3NDY STUDIO
Project: Palazzo di Vigonovo - Campiello | **Architect:** Marco Mazzetto
Collaborators: Massimiliano Martignon, Valentina Favaretto, Dario Martellato, Claudia Stivanello, Maria Flocco | **Typology:** Retail, Office and Mixed-use Architecure | **Place:** Vigonovo (Italy) | **Date:** 2010
Contractor: Canova Costruzioni Srl | **Client:** Cosmo Immobiliare Snc
Volume: 2.300 cubic m

3NDY STUDIO
Project: Red Stone House | **Architect:** Marco Mazzetto
Collaborators: Massimiliano Martignon, Valentina Favaretto, Dario Martellato, Claudia Stivanello | **Typology:** Residential Architecture
Place: Campolongo Maggiore (Italy)
Date: 2012 | **Contractor:** Pampagnin Carlo Impresa Edile
Client: Sabrina Danieli | **Volume:** 497 cubic m

3NDY STUDIO
Project: Home Sweet Home | **Architect:** Marco Mazzetto
Collaborators: Valentina Favaretto, Stefano Guidolin, Maria Flocco
Typology: Residential Architecture | **Place:** Fossò (Italy)
Date: 2013 | **Contractor:** Canova Costruzioni Srl
Client: Marco Mazzetto | **Volume:** 324 cubic m

A.A.+H
Project: Outside (Outside) ((Outside)) | **Architect:** Kaoru Kuzukawa
Typology: Residential Architecture | **Place:** Saitama (Japan)
Date: 2013 | **Contractor:** Gitak Koubou
Client: Yoshihiro Kuzukawa | **Volume:** 360 cubic m

A.Y.A
Project: Goseong Korean War Monument | **Architect:** Bang-Keun You
Typology: Public Architecture | **Place:** Goseong-Gun (South Korea)
Date: 2012 | **Contractor:** Dongin Enc
Client: Goseong Country Office | **Volume:** 1.139 cubic m

ABALO ALONSO ARQUITECTOS
Project: Reurbanización San Clemente | **Architect:** Elizabeth Abalo
Collaborators: Berta Peleteiro, Kiko Mejuto, Jesús Garabal, Carlos Bóveda, Francisco González | **Typology:** Landscape Architecture
Place: Santiago de Compostela (Spain) | **Date:** 2011
Contractor: Construcciones Jesús Martínez
Client: Concello de Santiago. Ochir | **Surface Area:** 2.853 sq m

ARCHI LAB. T+M
Project: ATMN | A
Typology: Resider
Contractor: Maru:
Client: Takanori O

ABALO ALONSO ARQUITECTOS
Project: Hotel Moure | **Architect:** Elizabeth Abalo
Collaborators: Manuel Sanmartín, René Valiñas, José Noya, Carlos Bóveda, Francisco González | **Typology:** Public Architecture
Place: Santiago de Compostela (Spain) | **Date:** 2010
Contractor: Construcciones y Viales Kúpula S.L.
Client: Hermanos Liñares Bar SC | **Volume:** 2.000 cubic m

ABAU | ANTONIO BLANCO · ARQUITECTURA + URBANISMO
Project: Nursery in La Pañoleta | **Architect:** Antonio Blanco Montero
Typology: Public Architecture | **Place:** Camas (Spain) | **Date:** 2012
Contractor: Construcciones Temir S.L.
Client: Ayuntamiento de Camas | **Volume:** 2.550 cubic m

ARCHITEKT D.I. 1
Project: Haus Ha
Typology: Reside
Date: 2012 | **Cont**
Client: Family G &

ABAU | ANTONIO BLANCO · ARQUITECTURA + URBANISMO
Project: Reorganization of the Victoria Kent Park | **Architect:** Antonio Blanco Montero | **Typology:** Landscape Architecture | **Place:** Camas (Spain) | **Date:** 2011 | **Contractor:** Construcciones Antonio Guisado
Client: Ayuntamiento de Camas | **Volume:** 965 cubic m

ABDA - ARCHITETTI BOTTICINI DE APPOLONIA & ASSOCIATI
Project: Nuovo Centro Natatorio | **Architect:** Camillo Botticini
Collaborators: Francesco Craca, Nicola Martinoli, Arianna Foresti, Montanari & Partners Srl | **Typology:** Public Architecture
Place: Brescia (Italy) | **Date:** 2013 | **Contractor:** Campana Costruzioni Srl
Client: Comune di Brescia - Brescia Mobilità Spa | **Volume:** 15.600 cubic m

ARCHITETTO DA
Project: Tre Ville
Collaborators: S
Daniele Faggian
Place: Venezia M
Client: Giuseppe

AMIT KHANNA DESIGN ASSOCIATES
Project: Cuboid House | **Architect:** Amit Khanna
Typology: Residential Architecture | **Place:** New Delhi (India)
Date: 2012 | **Contractor:** Kriti Buildwell | **Volume:** 5.400 cubic m

AN SINH CONSULTANT CONSTRUCTION TRADE
Project: Viet Anh School | **Architect:** Phan Thiet
Typology: Public Architecture | **Place:** Binh Duong (Vietnam)
Date: 2013 | **Contractor:** An Sinh Consultant Construction Trade and more companies | **Client:** An Sinh Consultant Construction Trade (Foundation) | **Volume:** 4.000 cubic m

ARCHITETT
Project: Lic
Collaborato
Place: Piov
Client: Prov

ARCHITETTO DIEGO PERUZZO
Project: Casa dell'inventore | **Architect:** Diego Peruzzo
Collaborator: Loris Preto | **Typology:** Residential Architecture
Place: Schio (Italy) | **Date:** 2011 | **Contractor:** Costruzioni Buzzaccaro Srl
Client: Lucio Dal Soglio | **Volume:** 1.225 cubic m

ARCHITREND ARCHITECTURE
Project: Villa GM | **Architect:** Gaetano Manganello
Collaborators: Patrizia Anfuso, Marco Garfi | **Typology:** Residential Architecture | **Place:** Marina di Ragusa (Italy) | **Date:** 2010
Contractor: Infisud Srl | **Client:** Lorenzo Manganello
Volume: 540 cubic m

ARCHITET
Project: Lic
Collaborat
Place: Selv
Contractor
Volume: 2

ARCHITREND ARCHITECTURE
Project: Villa PM | **Architect:** Gaetano Manganello
Collaborators: Fernando Cutuli, Marco Garfi | **Typology:** Residential Architecture | **Place:** Ragusa (Italy) | **Date:** 2010 | **Contractor:** Team Srl
Client: Miceli Giuseppe | **Volume:** 851 cubic m

ARCHITREND ARCHITECTURE
Project: Cacioteca Regionale | **Architect:** Gaetano Manganello
Collaborators: Vincenzo Firullo, Salvatore Campo
Typology: Public Architecture | **Place:** Ragusa (Italy) | **Date:** 2010
Contractor: CP Costruzioni Pozzobon Spa
Client: Corfilac Consorzio di Ricerca Filiera Lattiero-Casearia
Volume: 10.455 cubic m

ARCHITET
Project: Li
Collaborat
Typology:
Contractor
Volume: 3

ARCHOHM
Project: Studio Archohm | **Architect:** Sourabh Gupta | **Typology:** Retail, Office and Mixed-use Architecure | **Place:** Noida (India) | **Date:** 2012
Contractor: Kartikay Projects Private Limited
Client: Studio Archohm | **Volume:** 2.831 cubic m

AREA PROGETTI
Project: Nuova Biblioteca Comunale di Rosignano Marittimo
Architect: Domenico Racca | **Collaborators:** Paola Arbocò, Pierluigi Feltri, Maurizio Valino, Andrea Michelini, Laura Ceccarelli | **Typology:** Public Architecture **Place:** Rosignano Marittimo (Italy) | **Date:** 2013
Contractor: Cooperativa Lavoratori delle Costruzioni - Società Cooperativa
Client: Comune di Rosignano Marittimo | **Volume:** 11.024 cubic m

ARIU+VALLINO ARCHITETTI
Project: The Shadow of Landscape | **Architect:** Vincenzo Ariu
Collaborators: Carlo Garbero, Elena Scasso, Enzo Laise, Fabrizio Testa, Olivier Moudio | **Typology:** Residential Architecture
Place: Spotorno (Italy) | **Date:** 2011 | **Contractor:** Alfa Costruzioni Edili
Client: Geco 2005 Real Estate | **Volume:** 5251 cubic m

ARQUITECTURIA: JOSEP CAMPS, OLGA FELIP
Project: Exterior Swimming Pool in Jesús | **Architect:** Josep Camps
Collaborators: Mariella Agudo, Aitor Horta, Irene Solà, Jaume Farrés, Albert Serrats | **Typology:** Public Architecture
Place: Tortosa (Spain) | **Date:** 2011 | **Contractor:** Beta Conkret
Client: City Council EMD Jesús | **Volume:** 3.766 cubic m

AVANTO ARCHITECTS
Project: Four-Cornered Villa | **Architect:** Ville Hara, Anu Puustinen
Collaborators: Asami Naito | **Typology:** Residential Architecture
Place: Vaskivesi (Finland) | **Date:** 2010
Contractors: Esko Martin and Jyrki Koivulampi
Client: Petteri Knudsen | **Volume:** 300 cubic m

B+D+M ARCHITETTI ASSOCIATI
Project: Villa trifamiliare | **Architect:** Alex Braggion
Collaborators: Maddalena Poggi, Annalaura Tolomio
Typology: Residential Architecture | **Place:** Padova (Italy)
Date: 2012 | **Contractor:** Basso Costruzioni
Client: Monica Cattin | **Volume:** 1.600 cubic m

BANDIERA ARCHITETTI
Project: Ampliamento sede Ascopiave: nuovo edificio polivalente
Architect: Francesco Bandiera | **Collaborators:** Carlo Chiodin, Mario Bertanzon, Tiziano Bonato, Alfrino Pasetto | **Typology:** Retail, Office and Mixed-use Architecture | **Place:** Pieve di Soligo (Italy) | **Date:** 2011
Contractors: Carron Costruzioni Generali Spa (capogruppo) con Bettiol Impianti Srl e Ialc Serramenti Srl | **Client:** Ascopiave Spa | **Volume:** 20.000 cubic m

BATTISTELLI ROCCHEGGIANI ARCHITETTI ASSOCIATI
Project: Residenza Torre | **Architect:** Sergio Roccheggiani
Typology: Residential Architecture | **Place:** Jesi (Italy)
Date: 2010 | **Contractor:** Edilfac Srl
Client: Sandro Faccenda | **Volume:** 838 cubic m

BATTISTELLI ROCCHEGGIANI ARCHITETTI ASSOCIATI
Project: Ampliamento edificio residenziale
Architect: Sergio Roccheggiani | **Collaborator:** Paolo Pelosi
Typology: Residential Architecture | **Place:** Ancona (Italy)
Date: 2013 | **Contractor:** Promo Spa
Client: Giancarlo Gioacchini | **Volume:** 310 cubic m

BATTISTELLI ROCCHEGGIANI ARCHITETTI ASSOCIATI
Project: aQa | **Architect:** Sergio Roccheggiani
Collaborators: Irene Carles Gaspar, Paolo Pelosi, Davide Temperoni
Typology: Public Architecture | **Place:** Maiolati Spontini (Italy)
Date: 2012 | **Contractor:** Tanari Srl
Client: Comune di Maiolati Spontini | **Volume:** 41 cubic m

BERGMEISTERWOLF ARCHITEKTEN
Project: Block of Wood, Wood Carving Perathoner
Architect: Gerd Bergmeister | **Typology:** Retail, Office and Mixed-use Architecure | **Place:** Pontives (Italy) | **Date:** 2012
Contractor: Schweigkofler GmbH | **Client:** Ulrich Perathoner KG-Sas di Daniel Perathoner | **Volume:** 4.221 cubic m

BERGMEISTERWOLF ARCHITEKTEN
Project: Next to the chapel, Farmstead B | **Architect:** Gerd Bergmeister
Typology: Residential Architecture
Place: Vipiteno (Italy) | **Date:** 2011 | **Contractor:** ZH Srl
Client: Kurt Brunner | **Volume:** 1.156 cubic m

BREMBILLA+FORCELLA ARCHITETTI
Project: Seb 12-Nuovo Edificio Polifunzionale per la Scuola Edile Bergamasca | **Architect:** Francesco Forcella
Collaborators: Marco Carrara, Marco Zenucchi | **Typology:** Retail, Office and Mixed-use Architecure | **Place:** Seriate (Italy) | **Date:** 2013
Contractor: Impresa Edile Virgilio Gherardi Srl
Client: Scuola Edile di Bergamo | **Volume:** 6.500 cubic m

C. F. MØLLER ARCHITECTS
Project: Bestseller Logistics Centre North | **Architect:** Julian Weyer
Collaborators: Carl Asbjørn, Kasper Corfitsen Guldbrandt, Nicolaj Fentz, Lotte Rolighed, Frans Borgman Hansen | **Typology:** Retail, Office and Mixed-use Architecure | **Place:** Haderslev (Denmark)
Date: 2012 | **Contractor:** Züblin A/S | **Client:** Bestseller A/S
Volume: 504.000 cubic m

CAB ARCHITECTES
Project: Pôle Petite Enfance de La Trinité | **Architect:** Jean-Patrice Calori
Typology: Public Architecture | **Place:** La Trinité (France)
Date: 2011 | **Contractor:** Francobat
Client: Sivom du Val de Banquière | **Volume:** 3.700 cubic m

CARAMELO ARCHITECTS ASSOCIATED
Project: Mansion Luciano Barreto Junior | **Architect:** Antonio Caramelo
Typology: Residential Architecture | **Place:** Aracaju (Brazil)
Date: 2010 | **Contractor:** Constructor Celi
Client: Constructor Celi | **Volume:** 79.154 cubic m

CARAMELO ARCHITECTS ASSOCIATED
Project: Salvador Prime | **Architect:** Antonio Caramelo
Typology: Retail, Office and Mixed-use Architecture
Place: Salvador (Brazil) | **Date:** 2012 | **Contractor:** Syene Empreendimentos | **Client:** Syene Empreendimentos
Volume: 25.344.000 cubic m

CENDRON STUDIO
Project: Light House | **Architect:** Alfonso Cendron
Collaborators: Nicola Stangherlin, Elisa Voltan, Beatrice Cordella, Lisa Brunello | **Typology:** Residential Architecture
Place: Italy | **Date:** 2011 | **Contractor:** Wood Cape Srl
Volume: 1.050 cubic m

CONTAINER DESIGN ARCHITECTS PRIMARY
Project: House of Awa-Cho | **Architect:** Takanobu Kishimoto
Collaborators: Megumi Inoue, Issei Kikuchi | **Typology:** Residential Architecture | **Place:** Awa City (Japan) | **Date:** 2013
Contractor: AT International Co. Ltd
Client: Takahiro Miki | **Volume:** 656 cubic m

CRISTINA RAMPAZZO
Project: Casa 2N | **Architect:** Cristina Rampazzo
Typology: Residential Architecture | **Place:** Campolongo Maggiore (Italy)
Date: 2010 | **Contractor:** Impresa di costruzione G.F. di Galvan Fabrice & C. | **Client:** Angelo Di Lorenzo
Volume: 600 cubic m

CU OFFICE BEIJING
Project: Villa Jian | **Architect:** Che Fei | **Typology:** Residential Architecture
Place: Yantao (China) | **Date:** 2012 | **Volume:** 4.000 cubic m

CZSTUDIO ASSOCIATI PAOLO CECCON LAURA ZAMPIERI ARCHITETTI
Project: Giardino e Piscine Jesolo Lido Condominium Building
Architect: Laura Zampieri | **Collaborators:** Arturo Imperato,
Elisa Petriccioli, Giulia Sperandio | **Typology:** Landscape Architecture
Place: Jesolo Lido (Italy) | **Date:** 2012 | **Contractor:** ZH General
Construction Company | **Client:** Jesolo Immobiliare Srl
Surface Area: 4.000 sq m

CZSTUDIO ASSOCIATI PAOLO CECCON LAURA ZAMPIERI ARCHITETTI
Project: Tenuta di Barbassolo | **Architect:** Paolo Ceccon
Collaborators: Arturo Imperato, Giulia Sperandio, Riccardo Palmieri,
Fabio Labelli | **Typology:** Landscape Architecture
Place: Roncoferraro (Italy) | **Date:** 2012
Contractor: Impresa Edile Suppi di Carlo e Paolo Suppi Snc
Client: Società Agricola Fa.Ro. Srl | **Volume:** 790 cubic m

DAVIDE MACULLO ARCHITECTS
Project: Jansen Campus | **Architect:** Davide Macullo
Typology: Retail, Office and Mixed-use Architecture
Place: Oberriet (Switzerland) | **Date:** 2012
Contractor: Gautschi AG - Johann Loher AG - Kühnis AG
Client: Jansen AG | **Volume:** 15.800 cubic m

DAVIDE SCAPIN ARCHITETTO
Project: Casa nella campagna veneta | **Architect:** Davide Scapin
Typology: Residential Architecture | **Place:** Borgoricco (Italy)
Date: 2012 | **Contractor:** Impresa Edile Cecchin Iosé
Client: Franca Salviato | **Volume:** 650 cubic m

DE LAPUERTA & ASENSIO ARQUITECTOS
Project: 245 Social Dwelling | **Architect:** José María de Lapuerta Montoya
Collaborators: Jorge Romera Herrero, Mario Algarín Comino,
Matán Sapir, Elena Tejeiro Medina, Paula Martinez Abascal
Typology: Residential Architecture | **Place:** Sevilla (Spain) | **Date:** 2012
Contractor: Acciona S.A. | **Client:** Emvisesa | **Volume:** 70.000 cubic m

DE LAPUERTA & ASENSIO ARQUITECTOS
Project: 25+30 Viviendas, Garajes y Locales | **Architect:** José María de Lapuerta Montoya | **Collaborators:** Paloma Campo, Marta Renom, Joaquín Mosquera, Ernesto Tello, Oscar Gonzalez
Typology: Residential Architecture | **Place:** Bilbao (Spain)
Date: 2010 | **Contractor:** Exisa | **Client:** Gobierno Vasco
Volume: 29.833 cubic m

DEP STUDIO
Project: Casa ZII | **Architect:** Paola Belussi
Typology: Residential Architecture | **Place:** Paratico (Italy)
Date: 2012 | **Contractor:** Edil Pitozzi Srl
Client: Celestina Gallinea | **Volume:** 870 cubic m

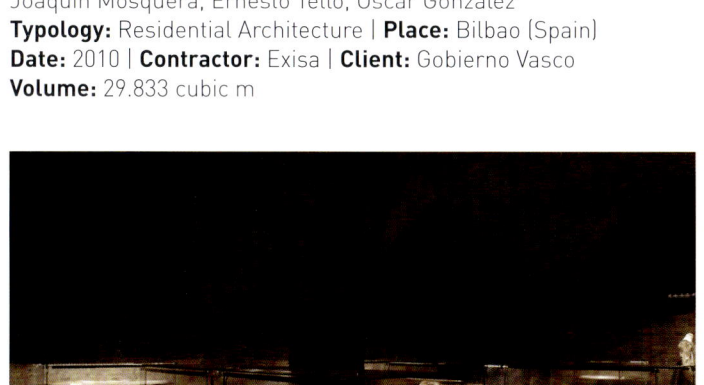

DPMM ARCHITETTI ASSOCIATI
Project: Museo della Cripta | **Architect:** Marco Mattioli
Collaborators: Dino Polidori, Katyuscia Laudadio, Mirko Pignotti
Typology: Public Architecture | **Place:** Monsampolo del Tronto (Italy)
Date: 2013 | **Contractor:** Eredi Luzi Mario di Luzi Piero & C. Snc
Client: Comune di Monsampolo del Tronto | **Volume:** 1.228 cubic m

ECOSISTEMA URBANO
Project: Ecopolis Plaza | **Architect:** Belinda Tato
Collaborators: José Luis Vallejo, Michael Moradiellos, Domenico Di Siena, Jaime Eizaguirre, Luisa Zancada | **Typology:** Public Architecture
Place: Madrid (Spain) | **Date:** 2010 | **Contractor:** HM Compañía General de Construcción S.A | **Client:** Ayuntamiento de Rivas Vaciamadrid | Agencia Local de la Energía Rivas Vaciamadrid | **Surface Area:** 10.500 sq m

ELASTICOSPA+3
Project: Slow Horse (1301INN) | **Architect:** Stefano Pujatti
Collaborators: Stefano Santarossa, Cesare Roluti, Corrado Curti, Daniele Almondo, Serena Nano | **Typology:** Public Architecture
Place: Piancavallo (Italy) | **Date:** 2012 | **Contractor:** Riccesi Spa
Client: Agenzia Regionale Promotur | **Volume:** 10.486 cubic m

ENZA EVANGELISTA
Project: Struttura d'Accoglienza "Punto Blu" | **Architect:** Enza Evangelista
Collaborators: Alessandra Perluigi, Benedetta Fantoni, Francesca D'Alatri, Franco Bernardini, Giovanni Evangelista
Typology: Retail, Office and Mixed-use Architecture
Place: Fiumicino (Italy) | **Date:** 2012 | **Contractor:** FitoFlora Soc. Coop. Arl.
Client: Società Autostrade per l'Italia Spa | **Volume:** 220 cubic m

SOMOS.ARQUITECTOS ESTUDIO
Project: 123 Social Housing Apartments (Vallecas 51)
Architect: Luis Burriel Bielza | **Typology:** Residential Architecture
Place: Madrid (Spain) | **Date:** 2009 | **Contractor:** Imasatec
Client: Empresa Municipal de la Vivienda y el Suelo
Volume: 45.698 cubic m

EXiT ARCHITETTI ASSOCIATI
Project: Recupero di una casa di campagna | **Architect:** Francesco Loschi
Collaborators: Paolo Panetto, Giuseppe Pagano
Typology: Residential Architecture | **Place:** Oderzo (Italy) | **Date:** 2011
Contractor: Costruzioni Zanchetta Aurelio Srl | **Volume:** 3.002 cubic m

FUJIWARAMURO ARCHITECTS
Project: House in Muko | **Architect:** Shintaro Fujiwara
Collaborators: Noritaka Horita | **Typology:** Residential Architecture
Place: Kyoto (Japan) | **Date:** 2012 | **Contractor:** Yamamoto-Yasu Komuten
Client: Tomoya Bando | **Volume:** 479 cubic m

FUJIWARAMURO ARCHITECTS
Project: House in Sayo | **Architect:** Shintaro Fujiwara
Collaborators: Noritaka Horita | **Typology:** Residential Architecture
Place: Hyogo (Japan) | **Date:** 2012 | **Contractor:** Shiso-Juken
Client: Hiroyuki Funo | **Volume:** 278 cubic m

FUJIWARAMURO ARCHITECTS
Project: House in Hanoura | **Architect:** Shintaro Fujiwara
Typology: Residential Architecture | **Place:** Tokushima (Japan)
Date: 2012 | **Contractor:** Nishino-Kensetsu
Client: Takahito Yuasa | **Volume:** 330 cubic m

GIORGI KHMALADZE ARCHITECTS
Project: Socar Fuel Station & McDonald's | **Architect:** Giorgi Khmaladze
Typology: Retail, Office and Mixed-use Architecture
Place: Batumi (Georgia) | **Date:** 2013 | **Contractor:** Sistem Insaat
Client: Socar Georgia Petroleum | **Volume:** 6.700 cubic m

GLASS ARCHITETTURA URBANISTICA
Project: Edificio Direzionale D-Quadro | **Architect:** Fabio D'Agnano
Typology: Retail, Office and Mixed-use Architecture
Place: Travagliato (Italy) | **Date:** 2012 | **Contractor:** Zogno Costruzioni Società Cooperativa | **Client:** Natrom Srl | **Volume:** 4.300 cubic m

GOBBO ARIANNA ARCHITETTO
Project: Centro Civico "Fabio Presca" | **Architect:** Arianna Gobbo
Collaborators: Stefano Liccardo, Massimo Stella, Manuel Zanon
Typology: Public Architecture | **Place:** Selvazzano Dentro (Italy)
Date: 2011 | **Contractor:** Cosfara Spa
Client: Comune di Selvazzano Dentro | **Volume:** 2.000 cubic m

GOBBO ARIANNA ARCHITETTO
Project: Teseo | **Architect:** Arianna Gobbo
Collaborators: Stefano Liccardo, Massimo Stella, Manuel Zanon
Typology: Residential Architecture | **Place:** Mestrino (Italy)
Date: 2011 | **Contractor:** Archigest Srl
Client: Moretti Giorgio | **Volume:** 700 cubic m

GOBBO ARIANNA ARCHITETTO
Project: Gemini 9 | **Architect:** Arianna Gobbo
Collaborators: Enrico Rispo | **Typology:** Retail, Office and Mixed-use Architecure | **Place:** Mestrino (Italy)
Date: 2013 | **Contractor:** Cast Costruzioni Srl
Client: Edilquattro Srl | **Volume:** 1.870 cubic m

GOBBO ARIANNA ARCHITETTO
Project: Bhai Tech | **Architect:** Arianna Gobbo
Collaborators: Stefano Liccardo, Massimo Stella, Manuel Zanon, Enrico Rispo | **Typology:** Retail, Office and Mixed-use Architecture
Place: Mestrino (Italy) | **Date:** 2012
Contractor: Bido Secondo Costruzioni Spa
Client: Bimecc Engineering Spa | **Volume:** 10.000 cubic m

GOBBO ARIANNA ARCHITETTO
Project: Scuola Primaria Giovanni Pascoli | **Architect:** Arianna Gobbo
Collaborators: Stefano Liccardo, Massimo Stella, Manuel Zanon
Typology: Public Architecture | **Place:** Rubano (Italy) | **Date:** 2011
Contractor: Costruzioni Lovato Srl
Client: Repo Srl | **Volume:** 7.480 cubic m

GONÇALO BYRNE ARQUITECTOS + TMA PEDRO SOUSA
Project: Casa nel Parco | **Architect:** Gonçalo Byrne
Collaborators: Andrea Menegotto, João Nunes
Typology: Residential Architecture | **Place:** Jesolo (Italy)
Date: 2011 | **Contractor:** Setten Genesio Spa
Client: Cogetrev Spa | **Volume:** 165.000 cubic m

GONÇALO BYRNE ARQUITECTOS
Project: Banco de Portugal Head Office Refurbishment
Architect: Gonçalo Byrne | **Typology:** Public Architecture
Place: Lisboa (Portugal) | **Date:** 2012 | **Contractor:** HCI Construçes, S.A.
Client: Banco de Portugal | **Volume:** 64.295 cubic m

GONÇALO BYRNE ARQUITECTOS
Project: Center for Interpretation of Jewish Culture Isaac Cardoso
Architect: Gonçalo Byrne | **Collaborators:** Doriana Reino, Ana Abrantes, Tiago Coelho | **Typology:** Public Architecture | **Place:** Trancoso (Portugal)
Date: 2012 | **Contractor:** Paceteg, S.A | **Client:** Paceteg, S.A
Volume: 1.491 cubic m

GONÇALO BYRNE ARQUITECTOS
Project: Center for Interpretation of the Battle of Atoleiros
Architect: Gonçalo Byrne | **Collaborators:** Ana Abrantes, Doriana Reino, Miguel Silva | **Typology:** Public Architecture | **Place:** Fronteira (Portugal)
Date: 2012 | **Contractor:** Centrejo | **Client:** Câmara Municipal de Fronteira
Volume: 9.350 cubic m

GONZALO MARDONES VIVIANI ARQUITECTO
Project: Miele Gallery | **Architect:** Gonzalo Mardones Viviani
Typology: Retail, Office and Mixed-use Architecture
Place: Santiago de Chile (Chile) | **Date:** 2011
Contractor: Constructora Marchetti | **Client:** Miele Chile
Volume: 4.400 cubic m

GONZALO MARDONES VIVIANI ARQUITECTO
Project: Edificio Ignacia | **Architect:** Gonzalo Mardones Viviani
Typology: Residential Architecture | **Place:** Santiago de Chile (Chile)
Date: 2012 | **Contractor:** Salvador Errazuriz | **Volume:** 6.940 cubic m

GONZALO MARDONES VIVIANI ARQUITECTO
Project: Hotel Hornitos | **Architect:** Gonzalo Mardones Viviani
Typology: Public Architecture | **Place:** Santiago de Chile (Chile)
Date: 2013 | **Contractor:** Constructora Ebco
Client: Caja Los Andes | **Volume:** 20.000 cubic m

HARUNATSU-ARCH
Project: Villa921 | **Architect:** Shoko Murakaji
Typology: Residential Architecture | **Place:** Okinawa (Japan) | **Date:** 2012
Contractor: Hachikenjitugyo | **Client:** Kenji Kunii | **Volume:** 180 cubic m

HIROMU NAKANISHI ARCHITECT
Project: House Just in Front of a Garden | **Architect:** Hiromu Nakanishi
Typology: Residential Architecture | **Place:** Kyoto (Japan)
Date: 2012 | **Contractor:** Eisuke Mitsuda Structural Engineer
Client: Teruo Ohno | **Volume:** 497 cubic m

HIROSHI NAKAMURA & NAP
Project: Graz | **Architect:** Hiroshi Nakamura
Typology: Retail, Office and Mixed-use Architecture | **Place:** Tokyo (Japan)
Date: 2012 | **Contractor:** Satohide Corporation
Client: Graz Automobile | **Volume:** 3.246 cubic m

HIROSHI NAKAMURA & NAP
Project: Optical Glass House | **Architect:** Hiroshi Nakamura
Typology: Residential Architecture | **Place:** Hiroshima (Japan)
Date: 2012 | **Contractor:** Moribe Yasushi / Showa Women's University
Client: Not Open to the Public | **Volume:** 1.308 cubic m

HOF
Project: Cittadella dell'Edilizia | **Architect:** Paolo Belardi
Collaborator: Valeria Menchetelli | **Typology:** Retail, Office and
Mixed-use Architecure | **Place:** Perugia (Italy)
Date: 2013 | **Contractors:** Seprim Sas, Edil Costruzioni Srl (A.T.I.)
Client: Centro Edile per la Sicurezza e la Formazione di Perugia / Cassa
Edile della Provincia di Perugia | **Volume:** 18.000 cubic m

HOF
Project: Teatro delle Immagini | **Architect:** Paolo Belardi
Collaborator: Andrea Dragoni | **Typology:** Public Architecture
Place: Milano (Italy) | **Date:** 2013 | **Contractor:** Totem Srl
Client: Centro Estero Umbria | **Surface Area:** 100 sq m

HOLGUIN MORALES SOLIS
Project: Recupero dell'Edificio "Tesa" 105 all'Arsenale di Venezia
Architect: Andres Holguin | **Collaborators:** David Morales, Alvaro Solis
Typology: Public Architecture | **Place:** Venezia (Italy) | **Date:** 2012 |
Contractor: Ing. Pio Guaraldo Spa | **Client:** Arsenale di Venezia Spa
Volume: 6.800 cubic m

HUB DESIGN
Project: Casa Ruvida | **Architect:** Marco Camplani
Collaborators: Gianluca Lorenzi, Gianluca Sortino
Typology: Residential Architecture | **Place:** Villa di Serio (Italy)
Date: 2013 | **Contractor:** Impresa di Costruzione Bergamelli
Client: Carlo Benedetti | **Volume:** 635 cubic m

IDO, KENJI ARCHITECTURAL STUDIO
Project: House in Tamatsu | **Architect:** Kenji Ido
Typology: Residential Architecture | **Place:** Osaka (Japan) | **Date:** 2012
Contractor: Nakanishi Construction Industry Co.,Ltd.
Client: Hiroyuki Yamaoka | **Volume:** 307 cubic m

INGARDEN & EWÝ ARCHITECTS
Project: Małopolska Garden of Arts | **Architect:** Krzysztof Ingarden
Typology: Public Architecture | **Place:** Krakow (Poland) | **Date:** 2012
Contractor: Pbo Skobud Sp. z o.o. | **Client:** Slowacki Theater in Krakow
Volume: 29.396 cubic m

ISCATTOLIN
Project: Ampliamento e ristrutturazione di edificio residenziale
Architect: Pierangelo Scattolin | **Typology:** Residential Architecture
Place: Riese Pio X (Italy) | **Date:** 2013
Contractor: Impresa edile Stefano Sartori
Client: Michele Salvador | **Volume:** 282 cubic m

JAIME J. FERRER FORÉS ARCHITECTS STUDIO
Project: Can Ribas. Urban public spaces and industrial building
Architect: Jaime J. Ferrer Forés | **Collaborators:** Toni Vilanova, Yolanda Ortega Sanz, Antoni Ramis, Maria Antonia Palmer, Inés Batle
Typology: Landscape Architecture | **Place:** Palma de Mallorca (Spain)
Date: 2011 | **Contractor:** Melchor Mascaró (Urban Spaces) / Bartolomé Ramón (Industrial Heritage) | **Client:** Ajuntament de Palma, Consorci Riba, Patronato Municipal de la Vivienda | **Volume:** 862 cubic m

JAIME J. FERRER FORÉS ARCHITECTS STUDIO
Project: 26 Courtyard-Houses. Social housing in Es Mercadal
Architect: Jaime J. Ferrer Forés | **Collaborators:** Yolanda Ortega Sanz, Vicenç Jordi Manent, Joan Reynés | **Typology:** Residential Architecture | **Place:** Menorca (Spain) | **Date:** 2010 | **Contractor:** Llabrés Feliu
Client: Ibavi Institut Balear de l'Habitatge
Volume: 13.380 cubic m

JENNI REUTER ARCHITECTS
Project: Villa Sundsvedja | **Architect:** Jenni Reuter
Typology: Residential Architecture | **Place:** Dragsfjärd (Finland)
Date: 2010 | **Contractor:** RM Consulting
Client: Söderlångvik Gård Konstsamfundet | **Volume:** 1.168 cubic m

JO JANSSEN ARCHITECTEN
PROF. IR WIM VAN DEN BERGH ARCHITECT
Project: 37 Houses Treebeek Centre Phase 1 | **Architect:** Jo Janssen
Collaborators: Rolf Koumans, Renco Sips, Arabella El Ginawy, John Wetzels | **Typology:** Residential Architecture
Place: Brunssum (Netherlands) | **Date:** 2013 | **Contractor:** Haegens bouw
Client: Wonen Zuid (Social Housing Corporation) | **Volume:** 17.122 cubic m

JOÃO ÁLVARO ROCHA, ARQUITECTOS
Project: House in Rua do Arco | **Architect:** João Álvaro Rocha
Collaborator: João Álvaro Rocha | **Typology:** Residential Architecture
Place: Maia (Portugal) | **Date:** 2012 | **Contractor:** Matriz Sociedade de Construções, Lda. | **Client:** Joaquim Fernando Gonçalves de Sousa de Castro Silva | **Volume:** 1.148 cubic m

JOÃO ÁLVARO ROCHA, ARQUITECTOS
Project: Penela Social Apartments Building | **Architect:** João Álvaro Rocha
Typology: Residential Architecture | **Place:** Penela (Portugal)
Date: 2012 | **Contractor:** Lucios - Engenharia e Construção
Client: Lucios - Engenharia e Construção | **Volume:** 19.988 cubic m

JUN IGARASHI ARCHITECTS
Project: Repository | **Architect:** Jun Igarashi
Typology: Residential Architecture | **Place:** Asahikawa (Japan)
Date: 2012 | **Contractor:** Kyota-Gumi | **Volume:** 1.191 cubic m

K2S ARCHITECTS
Project: Hotel Paasitorni | **Architect:** Mikko Summanen
Typology: Retail, Office and Mixed-use Architecture
Place: Helsinki (Finland) | **Date:** 2012 | **Contractor:** Skanska
Client: HWA Helsinki Workers Association
Volume: 53.800 cubic m

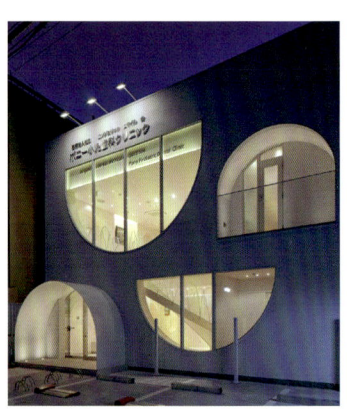 

KAMITOPEN ARCHITECTURE - DESIGN OFFICE
Project: Growing | **Architect:** Masahiro Yoshida
Collaborators: Masahiro Kinoshita, Atsuhiro Nakahata, Riyo Tsuhata, Atsuko Inoue | **Typology:** Public Architecture | **Place:** Tokyo (Japan)
Date: 2012 | **Contractor:** Fuji Kensetsu Kogyo co.,ltd.
Client: Pony Pediatric Dental Clinic | **Volume:** 1.149 cubic m

KAMITOPEN ARCHITECTURE-DESIGN OFFICE
Project: House Without Curtain | **Architect:** Masahiro Yoshida
Collaborator: Jyutaro Takahashi | **Typology:** Residential Architecture
Place: Tokyo (Japan) | **Date:** 2011 | **Contractor:** Eishin Construction Co., Ltd.
Client: Koji Okaue | **Volume:** 252 cubic m

KAO (KASUYA ARCHITECTS OFFICE)
Project: Forest House | **Architect:** Atsushi Kasuya
Collaborators: Ryuta Sonobe, Yasutaka Konishi
Typology: Residential Architecture | **Place:** Nagano (Japan) | **Date:** 2013
Contractor: Matsumoto-Doken Co.ltd. | **Client:** Hirokazu Takahashi
Volume: 194 cubic m

KATAGIRI KANBUN ARCHITECTURE INSTITUTE 2
Project: Kumo | **Architect:** Kanbun Katagiri
Typology: Residential Architecture | **Place:** Hino (Japan) | **Date:** 2011
Contractor: Yazawa Lumber Inc. | **Client:** Yoshiki Kaneyama
Volume: 182 cubic m

KEISUKE KAWAGUCHI + K2-DESIGN
Project: Hiding Place in the Brick Storehouse
Architect: Keisuke Kawaguchi | **Collaborator:** Keita Sameshima
Typology: Residential Architecture | **Place:** Mihara City, Hiroshima (Japan)
Date: 2013/05 | **Contractor:** Ltd. Nakata Construction Company
Volume: 232 cubic m

KEISUKE KAWAGUCHI + K2-DESIGN
Project: House of Shimanto | **Architect:** Keisuke Kawaguchi
Collaborator: Takashi Nishimura | **Typology:** Residential Architecture
Place: Kouchi (Japan) | **Date:** 2012/3
Contractor: Ltd. Kanon Construction Company | **Volume:** 874 cubic m

KEISUKE KAWAGUCHI + K2-DESIGN
Project: Residence in Daisen The Aperture the Forest
Architect: Keisuke Kawaguchi | **Collaborators:** Yuhei Ryuno
Typology: Residential Architecture | **Place:** Tottori (Japan)
Date: 2011/10 | **Contractor:** Ltd. Ichie Ken Sho
Volume: 1.344 cubic m

KICHI ARCHITECTURAL DESIGN OFFICE
Project: The House of a Ripples | **Architect:** Naoyuki Kikkawa
Typology: Residential Architecture
Place: Tsukubamirai City (Japan) | **Date:** 2013
Contractor: Takashima Construction Co. | **Client:** House of Ripples
Volume: 910 cubic m

LABORATORIO DI ARCHITETTURA
Project: Office | **Architect:** Emilio Barrese | **Typology:** Retail, Office and Mixed-use Architecure | **Place:** Caloveto (Italy) | **Date:** 2013
Contractor: Mas Costruzioni Srl | **Client:** Armando Benincasa
Volume: 270 cubic m

LEGORRETA + LEGORRETA
Project: Terracota Cien Office Building | **Architect:** Penélope Torres
Typology: Retail, Office and Mixed-use Architecture
Place: Mexico City (Mexico) | **Date:** 2011 | **Contractor:** Grupo Invertierra
Client: Jorge Quinzaños S. | **Surface Area:** 22.400 sq m

LEGORRETA + LEGORRETA
Project: Hbku, Student Center | Architect: Penélope Torres
Typology: Public Architecture | Place: Doha (Qatar) | Date: 2011
Contractor: Tadmur Contracting | Client: Qatar Foundation/ QP
Surface Area: 32.182 sq m

LFL ARCHITETTI
Project: Casa GT | Architect: Piero Luconi | Collaborators: Laura Luconi, Sergio Fumagalli, Giovanni Sacchi, Alessandra Manzoni, Dario Zappa
Typology: Residential Architecture | Place: Postalesio (Italy) | Date: 2012
Contractor: TMG Scavi Srl | Client: Guglielmo Trivell
Volume: 783 cubic m

LORENZO SPINAZZI ARCHITETTO
Project: Nuova Sede EVERmed | Architect: Lorenzo Spinazzi
Typology: Retail, Office and Mixed-use Architecture
Place: Motteggiana (Italy) | Date: 2012
Contractor: Impresa Edile Trentini Lorenzo | Client: EVERmed Srl
Volume: 2.400 cubic m

LVL ARCHITETTURA - ALEX BRAGGION
Project: Piazza Indipendenza | Architect: Aurelio Galfetti
Collaborators: Maurizio Striolo, Andrea Fochesato, Otello Bergamo, Tino Fabbian, Devi Fincato | Typology: Public Architecture
Place: San Donà di Piave (Italy) | Date: 2012
Contractor: Rodighiero Claudio & C. Snc | Client: Comune di San Donà di Piave | Surface Area: 5.000 sq m

M+O AGKOUTOGLOU /ARCHITECTURE-DEVELOPMENT-REAL ESTATE
Project: Themida 1+2// Sculpture And Division
Architect: Maria Agkoutoglou | Collaborators: Pavlos Malandrakis, Anastasia Dimitriou, Giorgos Kontos, Michalis Valsamakis, Lambros Mentzos | Typology: Residential Architecture | Place: Anavyssos Attiki (Greece) | Date: 2011 | Contractor: M+O Agkoutoglou
Client: M+O Agkoutoglou | Volume: 1.380 cubic m

MAKOTO TAKEI + CHIE NABESHIMA / TNA
Project: The Third Stir Factory of Kamoi Kakoushi
Architect: Makoto Takei | Collaborators: Eisuke Mitsuda, Jun Yanagimuro
Typology: Retail, Office and Mixed-use Architecture
Place: Kurashiki-Shi, Okayama (Japan) | Date: 2012
Contractor: Fujiki Komuten Co., Ltd. | Client: Kamoi Kakoshi Co., Ltd.
Volume: 1.600 cubic m

MANDAWORKS
Project: Hermods Plats | **Architect:** Martin Arfalk
Collaborators: Nicholas Bigelow, Max Haluzan, Gregorio Chierici, Mike von Tiesenhausen, Ola Nielsen | **Typology:** Landscape Architecture
Place: Malmö (Sweden) | **Date:** 2013 | **Contractor:** Veidekke Entreprenad AB, Region Anläggning SydVäst/ Joachim Tell | **Client:** Streets and Parks department/ Pernilla Theselius | **Surface Area:** 3.600 sq m

MARAZZI ARCHITETTI
Project: Nuova Chiesa parrocchiale di Medolla | **Architect:** Davide Marazzi
Typology: Public Architecture | **Place:** Medolla (Italy) | **Date:** 2013
Contractor: Sistem Costruzioni Srl | **Clients:** Parrocchia dei SS. Senesio e Teopompo | **Volume:** 3.860 cubic m

MARAZZI ARCHITETTI
Project: Riqualificazione Uffici Mirage Spa | **Architect:** Davide Marazzi
Typology: Retail, Office and Mixed-use Architecture
Place: Pavullo nel Frignano (Italy) | **Date:** 2013 | **Contractor:** Zecchini Sergio Giovanni | **Client:** Mirage Granito Ceramico Spa
Volume: 6.960 cubic m

MARC ARCHITETTI ASSOCIATI
Project: Mathi. Abitare A -0.45 | **Architect:** Subhash Mukerjee
Collaborators: Lucia Baima, Mi-Jung Kim, Tommaso Rocca
Typology: Residential Architecture | **Place:** Mathi (Italy) | **Date:** 2012
Contractor: I.E.N.T.E.R. Srl | **Client:** Davide Favero
Volume: 1.200 cubic m

MARCO TOMASIN ARCHITETTO
Project: Ethos - Estetica e Benessere | **Architect:** Marco Tomasin
Typology: Retail, Office and Mixed-use Architecture
Place: Vigonza (Italy) | **Date:** 2011 | **Contractor:** Caccin Costruzioni Srl
Client: Caccin Costruzioni Srl | **Volume:** 750 cubic m

MASMA ARCHITETTI ASSOCIATI
Project: House A | **Architect:** Stefano Liccardo
Typology: Residential Architecture | **Place:** Padova (Italy) | **Date:** 2011
Contractor: Galiazzo F.lli Costruzioni Srl | **Client:** Filippo Galiazzo
Volume: 900 cubic m

MASMA ARCHITETTI ASSOCIATI
Project: House B | **Architect:** Stefano Liccardo
Typology: Residential Architecture | **Place:** Padova (Italy) | **Date:** 2012
Contractor: B. & B. Snc di Ballan & C. | **Client:** Camilla Galiazzo
Volume: 950 cubic m

MAXIMA ARCHITECTURAL DESIGN
Project: Homoway Club | **Architect:** Wang Zongren
Collaborators: Xiao Yingdong, Fan Jing | **Typology:** Retail, Office and Mixed-use Architecture | **Place:** Shanghai (China) | **Date:** 2013
Contractor: Peace Construction Group | **Client:** Suzhou Homoway Group
Volume: 3 cubic m

MDS ARCHITECTURAL STUDIO
Project: Villa in Yatsugatake | **Architect:** Kiyotosi Mori
Typology: Residential Architecture | **Place:** Tokyo (Japan) | **Date:** 2013
Contractor: MDS Co.Ltd Architectural Studio
Client: MDS Co.Ltd Architectural Studio
Volume: 285 cubic m

MERITXELL INARAJA I GENÍS ARQUITECTA
Project: La Seca. Restauro dell'Antica Fabbrica della Moneta per uno Spazio Scenico e Culturale a Barcelona | **Architect:** Mertixell Inaraja
Typology: Public Architecture | **Place:** Barcelona (Spain)
Date: 2011 | **Contractor:** Contratas y Obras, S.A.
Client: Ajuntament de Barcelona - Foment Ciutat Vella
Volume: 3.750 cubic m

MICHELE GAMBATO ARCHITETTO, MGARK
Project: Malatesta, Ristrutturazione di un Casolare in Albergo di Campagna | **Architect:** Michele Gambato | **Typology:** Public Architecture | **Place:** Pergola (Italy) | **Date:** 2011 | **Contractor:** Gasparoni Costruzioni Snc | **Client:** www.malatesta-maison.com
Volume: 2.900 cubic m

MIGUEL MARCELINO
Project: Three Courtyards House | **Architect:** Miguel Marcelino
Typology: Residential Architecture | **Place:** Santo Estêvão, Benavente (Portugal) | **Date:** 2012 | **Contractor:** Campelo & Campelo, Lda.
Client: Miguel Lança | **Volume:** 854 cubic m

MIRÓ RIVERA ARCHITECTS
Project: Formula 1 Tower | **Architect:** Juan Miró
Typology: Public Architecture | **Place:** Austin (United States) | **Date:** 2013
Contractor: Austin Commercial, L.P. | **Client:** Circuit of the Americas
Volume: 3.468 cubic m

MIRÓ RIVERA ARCHITECTS
Project: LifeWorks | **Architect:** Juan Miró | **Typology:** Public Architecture
Place: Austin (United States) | **Date:** 2012 | **Contractor:** SpawGlass
Client: LifeWorks | **Volume:** 12.368 cubic m

MMP STUDIO
Project: Casa in Legno sul Fiume Sile | **Architect:** Maria Grazia Martinelli
Collaborators: Sara Bello, Laura Cocchis | **Typology:** Residential
Architecture | **Place:** Silea (Italy) | **Date:** 2010 | **Contractor:** Woodbau Srl
Client: Maria Grazia Martinelli e Giacomo Mucci
Volume: 540 cubic m

MODUS ARCHITECTS
Project: Single-Family House | **Architect:** Matteo Scagnol
Typology: Residential Architecture | **Place:** Caldaro (Italy)
Date: 2012 | **Contractor:** Bernard Bau Srl
Client: Hubert Kofler | **Volume:** 2.560 cubic m

MODUS ARCHITECTS
Project: Office Headquarters addition | **Architect:** Matteo Scagnol
Typology: Retail, Office and Mixed-use Architecture
Place: Bressanone (Italy) | **Date:** 2012 | **Contractor:** Damiani-Holz&Ko Spa
Client: Damiani-Holz&Ko Spa | **Volume:** 6.815 cubic m

MODUS ARCHITECTS
Project: Artist's House and Atelier | **Architect:** Matteo Scagnol
Typology: Residential Architecture | **Place:** Castelrotto (Italy)
Date: 2012 | **Contractor:** Ludwig Rabanser
Client: Hubert Kostner | **Volume:** 993 cubic m

MODUS ARCHITECTS
Project: Preschool, Kindergarten and Family Center
Architect: Matteo Scagnol | **Typology:** Public Architecture
Place: Bolzano (Italy) | **Date:** 2012 | **Contractor:** Cooperativa di Costruzioni
Client: Comune di Bolzano - Ufficio Edilizia Scolastica
Volume: 18.966 cubic m

MOFA STUDIOS
Project: ITM School of Business | **Architect:** Manish Gulati
Typology: Public Architecture | **Place:** Gwalior, Madhya Pradesh (India)
Date: 2011 | **Contractor:** Kesar Constructions Ltd
Client: ITM University | **Volume:** 7.200 cubic m

MOFA STUDIOS
Project: The Golden Tusk resort | **Architect:** Manish Gulati
Typology: Public Architecture | **Place:** Ramnagar, Uttarakhand (India)
Date: 2011 | **Contractor:** Sanjay lakhotia, Vedic Biotech
Client: The Golden Tusk Resort | **Volume:** 18.000 cubic m

MORPHOGENESIS
Project: India Glycols Corporate Office | **Architect:** Manit Rastogi
Typology: Retail, Office and Mixed-use Architecture | **Place:** Noida (India)
Date: 2008 | **Contractor:** M/s. Bhayana Builders
Client: India Glycols Limited | **Surface Area:** 13.274 sq m

MTM ARQUITECTOS
Project: Plaza Mayor UAM | **Architect:** Javier Sanjuan
Collaborators: Carmen Antón, Laura Casas, Ana Arriero, Jesús Barranco, Alvaro Maestro | **Typology:** Public Architecture | **Place:** Madrid (Spain)
Date: 2012 | **Contractor:** Angel Saz Ballesteros
Client: José Luis Sanz de la Torre | **Volume:** 79.555 cubic m

MYCC
Project: CT House | **Architect:** Carmina Casajuana
Collaborators: Raquel del Rio, Pablo Urbano, Miguel Angel Hellin, Candido Dacal | **Typology:** Residential Architecture
Place: Piera (Spain) | **Date:** 2012 | **Contractor:** IDM | **Volume:** 738 cubic m

NAF ARCHITECT & DESIGN
Project: House Snapped | **Architect:** Akio Nakasa
Typology: Residential Architecture | **Place:** Saitama (Japan)
Date: 2012 | **Contractor:** Mogami Koumuten
Client: Shou Fukuchi | **Volume:** 273 cubic m

NAF ARCHITECT & DESIGN
Project: A House Made of Two | **Architect:** Akio Nakasa
Typology: Residential Architecture | **Place:** Kanagawa (Japan)
Date: 2010 | **Contractor:** Ookura Kenchiku
Client: Akio Nakasa | **Volume:** 488 cubic m

NAGANO ARCHITECTS & ASSOCIATES
Project: House in Valley | **Architect:** Hidehiko Nagano
Typology: Residential Architecture | **Place:** Iwakuni-Shi (Japan)
Date: 2011 | **Contractor:** Masakane Construction company
Client: Hidehiko Nagano | **Volume:** 475 cubic m

NAKANO DESIGN OFFICE
Project: Horizon House | **Architect:** Kazutoshi Nakano
Typology: Residential Architecture | **Place:** Joetsu (Japan)
Date: 2013 | **Contractor:** Tanimura Construction Co., Ltd.
Client: Norio Oohara | **Volume:** 550 cubic m

NICOLÁS CAMPODONICO
Project: MaipuBuilding | **Architect:** Nicolás Campodonico
Collaborators: Martín Lavayen, Tomás Balparda
Typology: Residential Architecture | **Place:** Rosario (Argentina)
Date: 2011 | **Contractor:** Angelone & Bogado Construcciones Srl
Client: Hotel de la Cañada S.A | **Volume:** 4.077 cubic m

NRM ARCHITECTS OFFICE
Project: House in Ashiya-Okuike | **Architect:** Shunichiro Ninomiya
Typology: Residential Architecture | **Place:** Hyogo (Japan)
Date: 2012 | **Contractor:** Makoto Construction Co., Ltd
Client: Makoto Watanabe | **Surface Area:** 163 sq m

NRM - ARCHITECTS OFFICE
Project: Residence in Kurakuen | **Architect:** Shunichiro Ninomiya
Typology: Residential Architecture | **Place:** Hyogo (Japan)
Date: 2010 | **Contractor:** Soken.inc
Client: Ryu Matsui, Junko Matsui | **Surface Area:** 340 sq m

NRM - ARCHITECTS OFFICE
Project: House in Hikone | **Architect:** Shunichiro Ninomiya
Typology: Residential Architecture | **Place:** Shiga (Japan) | **Date:** 2013
Contractor: Arcc.inc | **Client:** Makoto Watanabe | **Surface Area:** 165 sq m

nSTUDIO
Project: CSO | **Architect:** Kenichi Ueki | **Typology:** Residential Architecture
Place: Tokyo (Japan) | **Date:** 2011 | **Contractor:** Satohide Corporation
Client: Koji Oota | **Volume:** 978 cubic m

OFFICE OF KIMIHIKO OKADA
Project: Toda House | **Architect:** Kimihiko Okada
Collaborators: Alan Burden, Takehito Sano, Akiko Sano
Typology: Residential Architecture | **Place:** Hiroshima (Japan)
Date: 2011 | **Contractor:** ALF | **Client:** Eishiro Toda
Volume: 296 cubic m

OFICINA IDEIAS EM LINHA
Project: Emídio Navarro Secondary School. Rehabilitation and expansion | **Architect:** José Laranjeira | **Collaborators:** Ana Abrantes, Doriana Reino, Tiago Coelho | **Typology:** Public Architecture
Place: Almada (Portugal) | **Date:** 2010 | **Contractor:** Opway
Client: Parque Escolar EPE | **Volume:** 60.000 cubic m

OFICINA IDEIAS EM LINHA
Project: Rainha Santa Isabel Secondary School. Remodelling and expansion | **Architect:** José Laranjeira | **Collaborators:** Ana Abrantes, Doriana Reino, Tiago Coelho | **Typology:** Public Architecture
Place: Estremoz (Portugal) | **Date:** 2010 | **Contractor:** Seth / Engiarte / Edificadora Luz e Alves | **Client:** Parque Escolar, EPE
Volume: 79.399 cubic m

ONOE RYOUSUKE + STUDIO ANTENA
Project: House of Hikitsuchi | **Architect:** Ryousuke Onoe
Collaborator: Junzou Harada | **Typology:** Residential Architecture
Place: Maizuru (Japan) | **Date:** 2013
Contractor: Sakanekoumuten Company,Ltd.
Client: Masayasu Noma | **Volume:** 450 cubic m

PARKIZ ARCHITECTS
Project: Jeonnam Branch Office for Specialty Contractor Financial Cooperative | **Architect:** Insoo Park | **Collaborators:** Kangwook Cho, Sunhoon Kim, Bumjin Park, Eihoon Kim | **Typology:** Retail, Office and Mixed-use Architecure | **Place:** Mokpo (South Korea) | **Date:** 2011
Contractor: Chin Hung international Inc. | **Client:** Korea Specialty Contractor Finacial Cooperative (KSCFC) | **Volume:** 48.352 cubic m

PELLITTERI & ASSOCIATI STUDIO
Project: Complesso parrocchiale di San Gregorio
Architect: Giuseppe Pellitteri | **Typology:** Public Architecture
Place: Agrigento (Italy) | **Date:** 2012 | **Contractor:** Azzurra Costruzioni Srl
Client: Arcidiocesi di Agrigento | **Volume:** 16.600 cubic m

PHYD ARQUITECTURA
Project: House in Moreira | **Architect:** Paulo Henrique Durão
Collaborators: Jennifer Duarte, Miguel Águas
Typology: Residential Architecture | **Place:** Maia (Portugal)
Date: 2012 | **Contractor:** Lino Construções Lda.
Client: João e Dilia Costa | **Volume:** 986 cubic m

PICCO ARCHITETTI
Project: Scuola Elementare e Materna Antonino Monaco
Architect: Cristiano Picco | **Collaborators:** Sara Musso, Giorgio Colletti, Gilberto Cisero, Marco Pio Lauriola | **Typology:** Public Architecture
Place: Goriani Sicoli (Italy) | **Date:** 2010 | **Contractor:** Arcaland Soc.Coop
Client: Coop.Edilizia "Antonino Monaco" | **Volume:** 2.150 cubic m

PIVA&B
Project: Ampliamento di una Palazzina Commerciale e Residenziale
Architect: Cesare Piva | **Collaborators:** Emilio Cimma, Isabella Cimma, Marco Di Perna, Chiara Ferrando, Carlo Occhipinti
Typology: Retail, Office and Mixed-use Architecture | **Place:** Biella (Italy)
Date: 2011 | **Contractor:** MR Abitare | **Client:** Giancarlo Brunetti
Volume: 840 cubic m

RAFAEL DE LA-HOZ ARQUITECTOS
Project: Rey Juan Carlos, the New Hospital of Móstoles
Architect: Rafael de La-Hoz | **Typology:** Public Architecture
Place: Madrid (Spain) | **Date:** 2011 | **Contractor:** O.H.L. (Obrascón Huarte Laín), S.A. | **Client:** Autonomous Community of Madrid. Madrilenian Public Health Service. Department of Health
Volume: 94.705 cubic m

RAFAEL HINTERSTEINER
Project: Saint Francis Chapel Arbing | **Architect:** Rafael Hintersteiner
Typology: Public Architecture | **Place:** Arbing (Austria) | **Date:** 2011
Contractor: Fürholzer | **Client:** Nefischer | **Volume:** 10 cubic m

RAIMONDO GUIDACCI ARCHITETTO
Project: Ampliamento del Cimitero di San Mauro Torinese
Architect: Raimondo Guidacci | **Collaborator:** Stefano De Pippo
Typology: Public Architecture | **Place:** San Mauro Torinese (Italy)
Date: 2011 | **Contractor:** ICF Srl Impresa di Costruzioni Ferrara
Client: Comune di San Mauro Torinese | **Volume:** 6.300 cubic m

RAIMONDO GUIDACCI ARCHITETTO
Project: Cappella Funeraria a San Giorgio Canavese | **Architect:** Raimondo Guidacci | **Typology:** Public Architecture | **Place:** San Giorgio Canavese (Italy) | **Date:** 2011 | **Contractor:** MAKEit
Client: famiglia L'Episcopo | **Volume:** 30 cubic m

RAULINO SILVA, ARQUITECTO
Project: Touguinhó House II | **Architect:** Raulino Silva
Collaborators: Raulino Silva | **Typology:** Residential Architecture
Place: Vila do Conde (Portugal) | **Date:** 2012
Contractor: Sociedade de Construções Silfermat, lda
Client: Hélder Pereira e Tânia Ferreira | **Volume:** 1.592 cubic m

RHINESCHEME + ATELIER DREISEITL
Project: Tianjin Cultural Centre | **Architect:** Wolf Loebel
Collaborators: Dieter Grau, Zheng Sun, Hendrik Porst, Stefan Brückmann, Alexander Rohe | **Typology:** Landscape Architecture | **Place:** Tianjin (China)
Date: 2012 | **Contractor:** Tianjin North Pioneering Municipal Group Co., Ltd.
Client: Tianjin Disai Construction, Engineering Design and Service Co., Ltd.
Surface Area: 723.000 sq m

RICCARDO VIO ELENA ZOPPI ROBERTO FARO ARCHITETTI
Project: Casa CPV | **Architect:** Riccardo Vio | **Collaborator:** Guido Morello
Typology: Residential Architecture | **Place:** Padova (Italy)
Date: 2010 | **Contractor:** Impresa Zagallo Fabio
Client: Casa CPV | **Volume:** 430 cubic m

ROLAND BALDI ARCHITETTO
Project: Sede aziendale TechnoAlpin | **Architect:** Roland Baldi
Collaborators: Johannes Niederstätter | **Typology:** Retail, Office and Mixed-use Architecture | **Place:** Bolzano (Italy) | **Date:** 2010
Contractor: Studio G Srl | **Client:** TechnoAlpin Spa
Volume: 101.212 cubic m

ROLAND BALDI ARCHITETTO
Project: Funivie Monte Ivigna | **Architect:** Roland Baldi | **Typology:** Retail, Office and Mixed-use Architecture | **Place:** Merano (Italy) | **Date:** 2010 |
Contractor: ZH General Construction Company AG
Client: Funivie Monte Ivigna Spa | **Volume:** 9.981 cubic m

ROLAND BALDI ARCHITETTO
Project: Centro Culturale Rosenbach | **Architect:** Roland Baldi
Typology: Public Architecture | **Place:** Bolzano (Italy)
Date: 2011 | **Contractor:** Unionbau Srl
Client: Provincia Autonoma di Bolzano Alto Adige | **Volume:** 5.883 cubic m

ROSETA VAZ MONTEIRO ARQUITECTOS
Project: Senhora Boa Nova | **Architect:** Filipa Roseta
Typology: Public Architecture | **Place:** Lisboa (Portugal)
Date: 2010 | **Contractor:** Edifer
Client: Centro Paroquial do Estoril | **Volume:** 48.000 cubic m

RYUICHI ASHIZAWA ARCHITECTS & ASSOCIATES
Project: MA of Wind | **Architect:** Ryuichi Ashizawa
Collaborators: Masaichi Taguchi, Ichiro Yasumatsu
Typology: Residential Architecture | **Place:** Okinawa, Naha-city (Japan)
Date: 2009 | **Contractor:** Taichi Construction Company
Client: Mizoi | **Volume:** 261 cubic m

RYUICHI ASHIZAWA ARCHITECTS & ASSOCIATES
Project: Grotto | **Architect:** Ryuichi Ashizawa
Typology: Retail, Office and Mixed-use Architecture
Place: Narihira (Japan) | **Date:** 2010 | **Contractor:** Nihon Kensetsu
Client: Kubo | **Volume:** 4.579 cubic m

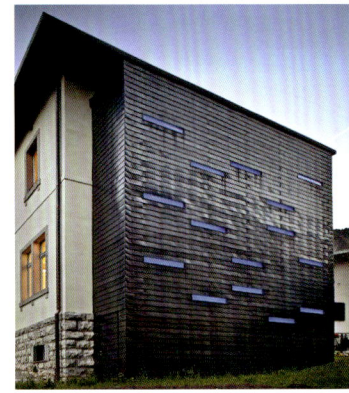 

SAAS STUDIO ARCHITETTURA ALESSANDRO SACCHET
Project: Nuovo centro frazionale polifunzionale a Longarone
Architect: Alessandro Sacchet | **Collaborators:** Francesca Bogo, Fulvio Caputo, Marco Redolfi | **Typology:** Public Architecture
Place: Longarone (Italy) | **Date:** 2011 | **Contractor:** Impresa Secco geom. Alfonso | **Client:** Comune di Longarone | **Volume:** 820 cubic m

SALVATORE RUGINO ARCHITETTO
Project: Casa Rosato | **Architect:** Salvatore Rugino
Typology: Residential Architecture | **Place:** Palermo (Italy)
Date: 2011 | **Contractor:** AG Costruzioni
Client: Domenico Rosato | **Volume:** 619 cubic m

SAM JUNG ACHITECTS & ENGINEERS
Project: Polarion Square | **Architect:** Chang Gil Kim
Collaborators: Seoung Yowl Kim, Deok Gyun Kim, Joon Hong Park
Typology: Retail, Office and Mixed-use Architecture
Place: Kyungki-do (South Korea) | **Date:** 2011
Contractor: Sehan Construction Co, Ltd
Client: Polarion Square | **Volume:** 29.601 cubic m

SANZPONT [ARQUITECTURA]
Project: Gran Via 31, Real Madrid Official Store | **Architect:** Sergio Sanz Pont | **Collaborators:** Victor Sanz Pont, Miguel Angel Méndez Andrade, José-Miguel Cano, Jose García Madrid, Mariano Aguado, Leobardo Martínez, Oscar Sanz Pont, Gerard Delgado, David Gutiérrez, Tania Cota | **Typology:** Retail, Office and Mixed-use Architecture | **Place:** Madrid (Spain) | **Date:** 2013 | **Contractor:** CYC Construciones **Client:** Areas S.A. / Real Madrid C.F. / Adidas Group | **Volume:** 2.250 cubic m

SANZPONT [ARQUITECTURA]
Project: Commercial Area, San José del Cabo Airport | **Architect:** Sergio Sanz Pont | **Collaborators:** Victor Sanz Pont, Tania Cota, José-Miguel Cano, Erika Martinez, Claudia Kauil, Eder Jafet, Elizabeth Valencia, Melissa Chávez, Miguel Angel Méndez, Victor Sanz Pont, Edificaciones Arbibe | **Typology:** Retail, Office and Mixed-use Architecture | **Place:** San Jose del Cabo (Mexico) | **Date:** 2013 | **Contractor:** Gravi Constructora | **Client:** Grupo Aeroportuario Del Pacífico, S.A.B. de C.V | **Volume:** 52.500 cubic m

SBV ASSOCIATI
Project: Palazzo della Ricerca e della Conoscenza
Architect: Giovanni Bertolotto | **Collaborators:** Franco Decaminada, Paolo Palmieri, Michele Groff, Piero Mattioli
Typology: Public Architecture | **Place:** San Michele all'Adige (Italy)
Date: 2012 | **Contractor:** S.E.I. Spa | **Client:** Fondazione Edmund Mach / Provincia di Trento | **Volume:** 34.000 cubic m

SCHOOL OF ARCHITECTURE, TSINGHUA UNIVERSITY
Project: Revitalization of Tsinghua Grand Auditorium
Architect: Wenyi Zhu | **Collaborators:** Fengfeng Dong, Chenguang Sun, Huibin Shi, Xin Zhang, Lianyi LI | **Typology:** Public Architecture
Place: Beijing (China) | **Date:** 2011 | **Contractor:** No.3 Beijing Construction Group | **Client:** Tsinghua University
Volume: 23.800 cubic m

SERGIO SEBASTIÁN ARQUITECTO
Project: 12 landscape interventions in the Region of Calatayud
Architect: Sergio Sebastián Franco
Collaborators: Pablo Sebastián Franco, José Luis Hernández Corté
Typology: Landscape Architecture | **Place:** Calatayud (Spain) | **Date:** 2010
Contractor: Several construction companies | **Client:** Comarca Comunidad de Calatayud | **Volume:** 800 cubic m

SERGIO SEBASTIÁN ARQUITECTO
Project: Archaeological Space | **Architect:** Sergio Sebastián Franco
Typology: Public Architecture | **Place:** Daroca (Spain)
Date: 2012 | **Contractor:** Renueva Miguel Gay
Client: Comarca Campo de Daroca | **Volume:** 1.200 cubic m

SM-ARCH
Project: Case P | **Architect:** Maria Flaccavento
Typology: Residential Architecture | **Place:** Capaci (Italy) | **Date:** 2010
Contractor: Giovanni Provenza | **Client:** Giuseppe Palmieri
Volume: 550 cubic m

SPACESPACE
Project: Ground and Above Roof House | **Architect:** Takanori Kagawa
Typology: Residential Architecture | **Place:** Ibaraki (Japan) | **Date:** 2010
Contractor: Kohatsu | **Client:** Jun Yoshino | **Volume:** 291 cubic m

STUDIO ARCHITETTO FABRIZIO ZULIANI
Project: Ampliamento del Cimitero 1° lotto | **Architect:** Fabrizio Zuliani
Typology: Public Architecture | **Place:** Masi (Italy) | **Date:** 2012
Contractor: Garbo Costruzioni Srl | **Client:** Comune di Masi
Volume: 65 cubic m

STUDIO ARCHITETTO FABRIZIO ZULIANI
Project: Ristrutturazione del Cimitero parte Est
Architect: Fabrizio Zuliani | **Typology:** Public Architecture
Place: Vighizzolo d'Este (Italy) | **Date:** 2012 | **Contractor:** Edilvò
Client: Comune di Vighizzolo d'Este | **Volume:** 215 cubic m

STUDIO ARCITETTURA
Project: Nuovi Uffici Ofas | **Architect:** Paolo Ferraro
Typology: Retail, Office and Mixed-use Architecture
Place: Mussolente (Italy) | **Date:** 2012 | **Contractor:** Forato Gabriele Impresa Edile | **Client:** Ofas Spa | **Volume:** 2.672 cubic m

STUDIO BORCHIA ARCHITETTI ASSOCIATI
Project: BERTO'S SPA_nuova facciata, nuova bussola esterna, restyling hall di ingresso e showroom | **Architect:** Danilo Borchia
Collaborators: Marianna Cerami, Barbara Vancin, Nicoletta Vellar, Marco Sartori | **Typology:** Retail, Office and Mixed-use Architecture
Place: Tribano (Italy) | **Date:** 2012 | **Contractor:** Santinello Costruzioni
Client: Berto's Spa | **Volume:** 1.500 cubic m

STUDIO BRADASCHIA
Project: MIDJ Offices and Showroom | **Architect:** Maurizio Bradaschia
Collaborators: Federica La Rocca, Silvia Pedron, Nicola Nanut
Typology: Retail, Office and Mixed-use Architecture
Place: Cordovado (Italy) | **Date:** 2011 | **Contractor:** Zanette Prefabbricati Srl
Client: MIDJ Srl | **Volume:** 27.800 cubic m

STUDIO DI ARCHITETTURA
Project: Casa Re.Pa. | **Architect:** Alessandro Bressa
Typology: Residential Architecture | **Place:** Cittadella (Italy)
Date: 2011 | **Contractor:** Impresa di Costruzioni Bonaldo Rinaldo
Client: Palliotto Regina | **Volume:** 940 cubic m

STUDIO DI ARCHITETTURA
Project: Nuova Sede Cedacri Group | **Architect:** Andrea Mambriani
Typology: Retail, Office and Mixed-use Architecture
Place: Collecchio (Italy) | **Date:** 2012
Contractor: CESI - Cooperativa Edil Strade Imolese
Client: Cedacri Group Spa | **Volume:** 10.400 cubic m

STUDIO DI ARCHITETTURA MARIA GRAZIA BARBIERO
Project: Casa Privata | **Architect:** Maria Grazia Barbiero
Typology: Residential Architecture | **Date:** 2010
Contractor: Costruzioni Edili Miotto Geom. Emanuele
Volume: 1.049 cubic m

STUDIO DI ARCHITETTURA PIERPAOLO FREDIANI
Project: Casa Suburbana | **Architect:** Pierpaolo Frediani
Collaborators: Simona Paladini, Laura Giovanelli
Typology: Residential Architecture | **Place:** Castelnuovo Magra (Italy)
Date: 2012 | **Contractor:** Edil Ammirati Srl
Client: Leonardo Tendola | **Volume:** 510 cubic m

STUDIO DI ARCHITETTURA PIERPAOLO FREDIANI
Project: Casa del Grillo | **Architect:** Pierpaolo Frediani
Collaborators: Simona Paladini, Laura Giovanelli
Typology: Residential Architecture | **Place:** Camaiore (Italy)
Date: 2013 | **Contractor:** Impresa Costruzioni Edili Geom. Ferretti Maurizio
Client: Giovanni Casini, Alberto Billi | **Volume:** 370 cubic m

STUDIO MATTEO MAREGA ARCHITETTO
Project: Bar S | **Architect:** Matteo Marega
Collaborator: Massimo Chizzola | **Typology:** Retail, Office and Mixed-use Architecure | **Place:** Torbole sul Garda (Italy)
Date: 2012 | **Contractor:** Ille Prefabbricati Spa
Client: Comune di Nago-Torbole | **Volume:** 378 cubic m

STUDIO MATTEO MAREGA ARCHITETTO
Project: Casa N | **Architect:** Matteo Marega
Collaborator: Massimo Chizzola | **Typology:** Residential Architecture
Place: Malcesine (Italy) | **Date:** 2012 | **Contractor:** Impresa Veronesi
Client: Famiglia Niedner | **Volume:** 360 cubic m

STUDIO PIERLUIGI BONOMO
Project: Energy Box | **Architect:** Pierluigi Bonomo
Collaborators: Iole Donsante, Federico Pace, Berardino Bonomo
Typology: Residential Architecture | **Place:** L'Aquila (Italy) | **Date:** 2013
Contractor: Ciemme Montaggi F.lli Cucci Snc | **Client:** Lidia Facchinei
Volume: 1.052 cubic m

STUDIO POZZATO
Project: Edificio residenziale di nuova costruzione. Casa Tonello | **Architect:** Francesca Pozzato
Typology: Residential Architecture
Place: Castello di Godego (Italy) | **Date:** 2012
Contractor: Moletta e Zanon Snc | **Client:** Adriano Tonello
Volume: 1.356 cubic m

STUDIO STRIOLO, FOCHESATO & PARTNERS
Project: Nuovo collegamento verticale dell'ospedale di Pieve di Cadore
Architect: Maurizio Striolo | **Collaborators:** Otello Berto, Emanuele Cesarato, Roberta Zambon, Stefano Previatello, Alberto Sguotti
Typology: Public Architecture | **Place:** Pieve di Cadore (Italy) | **Date:** 2011
Contractor: Steda Spa | **Client:** Azienda Ulss 1 | **Volume:** 1.500 cubic m

STUDIO STRIOLO, FOCHESATO & PARTNERS
Project: Residenza Estiva Privata | **Architect:** Maurizio Striolo
Collaborators: Otello Berto, Emanuele Cesarato, Roberta Zambon, Stefano Previatello, Alberto Sguotti | **Typology:** Residential Architecture
Place: Albarella Rosolina (Italy) | **Date:** 2013 | **Contractor:** Imeraj Ruzhdi
Client: Maurizio Striolo e Roberta Zampob | **Volume:** 640 cubic m

STUDIO STRIOLO, FOCHESATO & PARTNERS
Project: Nuovo padiglione di Psichiatria presso l'Ulss 16 di Padova
Architect: Maurizio Striolo | **Collaborators:** Otello Berto, Emanuele Cesarato, Roberta Zambon, Stefano Previatello, Alberto Sguotti
Typology: Public Architecture | **Place:** Padova (Italy) | **Date:** 2012
Contractor: Faber Costruzioni Srl + Sielv Srl
Client: Azienda Ulss 16 Padova | **Volume:** 33.624 cubic m

STUDIO STRIOLO, FOCHESATO & PARTNERS
Project: Nuova hall di Ingresso dell'Ospedale Ulss 15 di Cittadella
Architect: Maurizio Striolo | **Collaborators:** Otello Berto, Emanuele Cesarato, Roberta Zambon, Stefano Previatello, Alberto Sguotti
Typology: Public Architecture | **Place:** Cittadella (Italy) | **Date:** 2012
Contractors: CCC Consorzio Cooperative Costruttori, Clea, Gemmo
Client: Ulss 15 Alta Padovana | **Volume:** 4.184 cubic m

STUDIO VALENTINI
Project: Di Sipio Wine | **Architect:** Rocco Valentini
Typology: Retail, Office and Mixed-use Architecture
Place: Ripa Teatina (Italy) | **Date:** 2013
Contractor: Systema 2 di Gianluca Marchionne
Client: Azienda Agricola Nicola di Sipio Srl | **Volume:** 18.750 cubic m

STUDIO_GAON
Project: House in Geumsan | **Architect:** Hyoung-Nam Lim
Collaborators: Sung-Pil Lee, Seong-Won Son
Typology: Residential Architecture | **Place:** Geumsan (South Korea)
Date: 2011 | **Contractor:** Geum-Gang Construction Co.
Client: Yong-Won Choi | **Volume:** 300 cubic m

STUDIOMK27
Project: Studio R | **Architect:** Marcio Kogan
Collaborators: Gabriel Kogan, Carolina Castroviejo,
Maria Cristina Motta, Mariana Simas, Oswaldo Pessano
Typology: Retail, Office and Mixed-use Architecture
Place: Sao Paulo (Brazil) | **Date:** 2012
Contractor: Lock Engenharia | **Volume:** 932 cubic m

STUDIOMK27
Project: Ipês House | **Architect:** Marcio Kogan
Collaborators: Lair Reis, Diana Radomysler, Carolina Castroviejo,
Maria Cristina Motta, Mariana Simas | **Typology:** Residential Architecture
Place: Sao Paulo (Brazil) | **Date:** 2011
Contractor: Lock Engenharia | **Volume:** 3.357 cubic m

STUDIOMK27
Project: MM House | **Architect:** Marcio Kogan
Collaborators: Maria Cristina Motta, Diana Radomysler,
Carolina Castroviejo, Mariana Simas, Oswaldo Pessano
Typology: Residential Architecture | **Place:** Sao Paulo (Brazil)
Date: 2012 | **Contractor:** Cpa Engenharia | **Volume:** 1.787 cubic m

STUDIOMK27
Project: V4 House | **Architect:** Marcio Kogan
Collaborators: Diana Radomysler, Renata Furlanetto, Gabriel Kogan,
Mariana Simas, Oswaldo Pessano | **Typology:** Residential Architecture
Place: Sao Paulo (Brazil) | **Date:** 2011
Contractor: Alle Engenharia | **Volume:** 1.103 cubic m

STUDIOMK27
Project: Ipês House | **Architect:** Marcio Kogan
Collaborators: Lair Reis, Diana Radomysler, Carolina Castroviejo, Mariana Simas, Maria Cristina Motta | **Typology:** Residential Architecture
Place: Sao Paulo (Brazil) | **Date:** 2011
Contractor: Lock Engenharia | **Volume:** 3.357 cubic m

STUDIOSTUDIO ARCHITETTIURBANISTI
Project: 50 Low-Cost Dwellings for Young Families
Architect: Elisa Palazzo | **Typology:** Residential Architecture
Place: Prato (Italy) | **Date:** 2012 | **Contractor:** Edilgreen Costruzioni Srl
Client: Edilizia Pubblica Pratese Spa | **Volume:** 14.044 cubic m

SUEP.
Project: House Toward Sun | **Architect:** Hirokazu Suemitsu
Typology: Residential Architecture | **Place:** Yame-Shi (Japan)
Date: 2012 | **Contractor:** Ooyabu-Gumi
Client: Kosaku Chikami | **Volume:** 315 cubic m

SUEP.
Project: Office of Wickerwork | **Architect:** Hirokazu Suemitsu
Typology: Retail, Office and Mixed-use Architecture
Place: Yame-Shi (Japan) | **Date:** 2013 | **Contractor:** Inoue Housing Corporation | **Client:** Baba Ichisuke Shoten Co.Ltd | **Volume:** 900 cubic m

SUEP.
Project: Double Roof House | **Architect:** Hirokazu Suemitsu
Typology: Residential Architecture | **Place:** Shimonoseki-Shi (Japan)
Date: 2013 | **Contractor:** Hazemoto Construction Company
Client: Maeda Marine Product Company | **Volume:** 235 cubic m

SUEP.
Project: Kyushu Geibun-Kan Annex1 / Hammock Gallery
Architect: Hirokazu Suemitsu | **Typology:** Public Architecture
Place: Chikugo-shi (Japan) | **Date:** 2012 | **Contractor:** Adachi Construction Company | **Client:** Fukuoka Prefectural Office
Volume: 1.200 cubic m

SUMO ARQUITECTES + YOLANDA OLMO
Project: Multy-facility Municipal Building with a Primary School, a Community Centre and 2 Storey Underground Car-Park.
Architect: Pasqual Bendicho | **Collaborators:** Manuel Arguijo, Julio Morà, Xavier Aumedes | **Typology:** Public Architecture
Place: Barcelona (Spain) | **Date:** 2013 | **Contractor:** Dragados S.A.
Client: Barcelona Infraestructures Municipals, S.A. (BIMSA)
Volume: 46.299 cubic m

TAKATOTAMAGAMI ARCHITECTURAL DESIGN
Project: N-House | **Architect:** Takato Tamagami
Typology: Residential Architecture | **Place:** Minato-ku, Tokyo (Japan)
Date: 2012 | **Contractor:** Satohide Corporation | **Client:** Kazuya Nakamoto, Michiyo Nakamoto | **Volume:** 1.800 cubic m

TAKATOTAMAGAMI ARCHITECTURAL DESIGN
Project: Northern Nautilus | **Architect:** Takato Tamagami
Typology: Residential Architecture | **Place:** Sapporo-Shi, Hokkaido (Japan) | **Date:** 2012 | **Contractor:** Satohide Corporation
Client: Kazuya Nakamoto, Michiyo Nakamoto
Volume: 470 cubic m

TAMAKI ARCHITECTURAL ATELIER
Project: Fukagawa Fudoudo | **Architect:** Jun Tamaki
Collaborators: Norihide Imagawa, Akeno Engineering Consultants, Inc, Masahide Kakudate | **Typology:** Public Architecture
Place: Tokyo (Japan) | **Date:** 2010 | **Contractor:** Shimizu Corporation
Client: Naritasan Tokyobetuin Fukagawa Fudoudo
Surface Area: 2.121 sq m

THAM & VIDEGÅRD ARKITEKTER
Project: Atrium House | **Architect:** Bolle Tham
Typology: Residential Architecture | **Place:** När, Gotland (Sweden)
Date: 2010 | **Contractor:** Allan Wahlby Bygg | **Volume:** 750 cubic m

THAM & VIDEGÅRD ARKITEKTER
Project: Electron Microscope | **Architect:** Bolle Tham
Collaborators: Andreas Helgesson Gonzaga, Mårten Nettelbladt
Typology: Public Architecture | **Place:** Linköping (Sweden)
Date: 2011 | **Contractor:** Peab Sverige AB Region Linköping
Client: Akademiska Hus Öst, University of Linköping
Volume: 1.750 cubic m

TSUKANO ARCHITECT OFFICE
Project: House-T | **Architect:** Michiya Tsukano
Collaborators: Hiroshi Okamoto, Tomoe Tsukano
Typology: Residential Architecture | **Place:** Miyazaki (Japan)
Date: 2012 | **Contractor:** Ogata Corporation
Client: Eriko Tsukano | **Volume:** 389 cubic m

TSUKURU TAKIYAMA ARCHITECT AND ASSOCIATES
Project: Loop House | **Architect:** Tsukuru Takiyama
Typology: Residential Architecture | **Place:** Matsue City (Japan)
Date: 2013 | **Contractor:** Konoike Construction Co.,Ltd. Sanin Branch Office | **Client:** Nanae Takiyama | **Volume:** 602 cubic m

UID
Project: Peanuts | **Architect:** Keisuke Maeda
Collaborators: Yasutaka Konishi, Toshiya Ogino
Typology: Public Architecture | **Place:** Fukuyama (Japan)
Date: 2012 | **Contractor:** Home Co.,Ltd.
Client: Tsukushi Nursery School | **Volume:** 356 cubic m

UID
Project: +node | **Architect:** Keisuke Maeda
Collaborators: Yasutaka Konishi | **Typology:** Residential Architecture
Place: Fukuyama (Japan) | **Date:** 2012 | **Contractor:** Home Co.,Ltd.
Client: Y.Hirano | **Volume:** 134 cubic m

UID
Project: Pit House | **Architect:** Keisuke Maeda
Collaborators: Yasutaka Konishi, Toshiya Ogino
Typology: Residential Architecture | **Place:** Tamano-city (Japan)
Date: 2011 | **Contractor:** Nakamura Construction Co., Ltd.
Client: H.Wtanabe | **Volume:** 122 cubic m

ViTre STUDIO
Project: Nuova Sede Sisma | **Architect:** Elisa Dalla Vecchia
Collaborators: Lorenzo Dalla Vecchia, Massimo Dalla Vecchia, Matteo Munari, Silvia Dall'Igna, Ivan Mattarolo
Typology: Retail, Office and Mixed-use Architecture
Place: Piovene Rocchette (Italy) | **Date:** 2012 | **Contractor:** Cosfara Spa
Client: Sisma Spa | **Volume:** 16.980 cubic m

VORA ARQUITECTURA
Project: Rambla Sant Francesc | **Architect:** Pere Buil
Collaborators: Eva Cotman, Rui Santos, Pcg Arquitectura e Ingeniería
Typology: Landscape Architecture
Place: Vilafranca del Penedès (Spain) | **Date:** 2010 | **Contractor:** Ohl
Client: Vilafranca del Penedès City Council | **Surface Area:** 8.500 sq m

VORA ARQUITECTURA
Project: Juan's Apartment | **Architect:** Pere Buil
Collaborators: Arnau Boronat, Ana Silva, Carolina Silva
Typology: Residential Architecture | **Place:** Barcelona (Spain)
Date: 2012 | **Contractor:** Forneas-Guida S.L.
Client: Juan Romero | **Volume:** 276 cubic m

VORA ARQUITECTURA
Project: Social Housing Can Cantó | **Architect:** Pere Buil
Typology: Residential Architecture | **Place:** Eivissa (Spain)
Date: 2011 | **Contractor:** Ferrovial
Client: Imvisa | **Volume:** 5.940 cubic m

VORA ARQUITECTURA
Project: Pop-up Store Auditori | **Architect:** Pere Buil
Collaborator: Albert Rubio | **Typology:** Retail, Office and Mixed-use Architecure | **Place:** Barcelona (Spain) | **Date:** 2012
Contractor: Francisco Herrándiz | **Client:** Auditori de Barcelona

XDGA
Project: Coovi-Kitchen Tower | **Architect:** Xaveer de Geyter
Typology: Public Architecture | **Place:** Brussels (Belgium) | **Date:** 2011
Contractor: Xdga | **Client:** Vlaams Gemenschaap Commissie
Volume: 11.855 cubic m

XPIRAL + MTM ARCHITECTS
Project: Pormetxeta Square | **Architect:** Javier Peña Galiano
Collaborators: Álvaro Maestro, Miguel García-Redondo, Malte Eglinger, Daniel Cano, Jesús Barranco | **Typology:** Public Architecture
Place: Barakaldo (Spain) | **Date:** 2010 | **Contractor:** U.t.e. Pormetxeta (Sacyr + Pabisa) | **Client:** Bilbao Ría 2000 | **Volume:** 16.025 cubic m

YUZO OSUMI
Project: House of Daisen | **Architect:** Yuzo Osumi
Typology: Residential Architecture | **Place:** Tottori (Japan)
Date: 2010 | **Contractor:** Sakamoto Construction Company
Client: Toshiro Tajiri | **Volume:** 441 cubic m

YASUI HIDEO ATELIER
Project: Karuizawa Museum Complex | **Architect:** Hideo Yasui
Typology: Retail, Office and Mixed-use Architecture
Place: Karuizawa (Japan) | **Date:** 2011 | **Contractor:** Sasazawa Construction | **Client:** International Cultural College Foundation
Volume: 1.989 cubic m

PREMIO BIENNALE
INTERNAZIONALE DI
ARCHITETTURA
BARBARA CAPPOCHIN

CREDITI

INTERNATIONAL
BIENNIAL
BARBARA CAPPOCHIN
ARCHITECTURE PRIZE

CREDITS

Sotto l'Alto Patronato del Presidente della Repubblica Italiana Giorgio Napolitano

CON IL PATROCINIO

 PRESIDENZA DEL CONSIGLIO DEI MINISTRI

 Ministero per i Beni e le Attività Culturali

 MINISTERO DEGLI AFFARI ESTERI

 MINISTERO DELLO SVILUPPO ECONOMICO

 PARLAMENTO EUROPEO

 REGIONE DEL VENETO

 Comune di Padova

 Università di Padova

 Università Iuav di Venezia

 Consiglio Nazionale Architetti P.P. e C.

 UIA Unione Internazionale Architetti

 F.O.A.V. Federazione Ordini Architetti P.P. e C. del Veneto

 CONFINDUSTRIA PADOVA

 Istituto Nazionale di Architettura

 Legambiente

 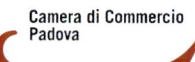 Camera di Commercio Padova

 Istituto Italiano di Cultura di Tokyo

PARTNERS ISTITUZIONALI

 REGIONE DEL VENETO

 Comune di Padova

 Fondazione Cassa di Risparmio di Padova e Rovigo

 Consiglio Nazionale Architetti P.P. e C.

 ANCE Padova Collegio Costruttori Edili

PREMIER SPONSOR

MAIN SPONSOR

SPONSOR

SPONSOR TECNICI

MEDIA PARTNER

PREMI / PRIZES

PREMIO INTERNAZIONALE / INTERNATIONAL PRIZE
Vincitore del Premio Internazionale (€ 30.000):
Project: A2M Social Housing
Architect: Nunzio Gabriele Sciveres / Italia
(preliminary project with Maria Giuseppina Grasso Cannizzo)
Menzione d'Onore / Honourable Mention
Project: Cultural and Ethnographic Center of Mandeo River
Architect: Barge Bouza Arquitectura (Spagna)
Menzione d'Onore / Honourable Mention
Project: Hangar 16 Matadero - Madrid
Architect: Iñaqui Carnicero (Spagna)
Menzione d'Onore / Honourable Mention
Project: Chapel of St. Lawrence
Architect: Avanto Architects (Finlandia)
Menzione Speciale della Giuria / Special Mention
Project: Tree Hotel
Architect: Tham & Videgård Arkitekter (Svezia)

MEDAGLIA D'ORO GIANCARLO IUS / GIANCARLO IUS GOLD MEDAL
Project: Paediatric Centre in Port Sudan (Sudan)
Architect: Studio Tamassociati (Italia)

PREMIO PROVINCIALE / PROVINCIAL PRIZE
Vincitore del premio provinciale (€ 5.000):
Project: Piazzale della Stazione di Padova
Architect: CZstudio Associati Paolo Ceccon
Laura Zampieri Architetti
Menzione d'Onore / Honourable Mention
Project: Ampliamento Orto Botanico - Padova
Architect: VS Associati
Menzione d'Onore / Honourable Mention
Project: Piazza delle Fratte - Lozzo Atestino
Architect: Architetto Paola Veronese

Composizione della Giuria / Jury Members
LEOPOLDO FREYRIE (Italia)
Presidente del Consiglio Nazionale degli Architetti, P.P.C. / President, National Register of Architects, Urban Planners, Landscape Architects and Conservation Specialists
ALBERTO CECCHETTO Architect (Italia)
ELENA GRIGORYEVA Architect (Russia)
Rappresentante dell'Unione Internazionale Architetti
Representative of the International Union of Architects
ABE RYO Architect (Giappone)
NIKOS FINTIKAKIS Architect (Grecia)
FRANCISCO MANGADO Architect (Spagna)
NICOLA LEONARDI Direttore / Editor in Chief, THE PLAN (Italia)

Segreteria tecnica / Technical Office
FIORENZA NOVENTA - DAVIDE CAPPOCHIN - SIMONE CAPPOCHIN,
Fondazione Barbara Cappochin / Barbara Cappochin Foundation
ALESSANDRO ZAFFAGNINI - PIETRO LEONARDI - GIOVANNI FURLAN,
Consiglio Ordine Architetti P.P.C. di Padova
Council of Register of Architects, Urban Planners, Landscape Architects and Conservation Specialists of the Province of Padua

Segreteria Organizzativa e Coordinamento / Organization and Coordination Secretariat
Fondazione Barbara Cappochin / Barbara Cappochin Foundation
Ordine degli Architetti P.P.C. della Provincia di Padova
Register of Architects, Urban Planners, Landscape Architects and Conservation Specialists of the Province of Padua

Tavolo dell'Architettura / The Table of Architecture
PADOVA, PIAZZA CAVOUR
Progetto / Architectural design
RENZO PIANO BUILDING WORKSHOP

Realizzazione / Installation
LABORATORIO MORSELETTO
Collaborazione / Collaboration
BONETTI FORNITURE INDUSTRIALI

Ufficio stampa / Press office
RenziPisaniComunicazione srl - Silvia Renzi, 338.2366914, sirenzi@libero.it

Un ringraziamento a / Thank to
LUISA BOLDRIN
Assessore ai lavori pubblici, edilizia comunale e monumentale, infrastrutturale della provincia di Padova
Councillor for public works, municipal buildings, monuments and infrastructures for the province of Padua

Soggetto banditore / Call for entries
Fondazione Barbara Cappochin / Ordine degli Architetti Pianificatori, Paesaggisti e Conservatori della Provincia di Padova.
Barbara Cappochin Foundation Register of Architects, Urban Planners, Landscape Architects and Conservation Specialists of the Province of Padua

Con la collaborazione di / With the assistence of
Consiglio Nazionale Architetti, Pianificatori, Paesaggisti e Conservatori (CNAPPC) / National Register of Architects, Urban Planners, Landscape Architects and Conservation Specialists
- Regione del Veneto - Comune di Padova - Unione Internazionale Architetti (UIA)

Il bando di concorso è stato approvato da / The call for entries was approved by Unione Internazionale Architetti (UIA) - Consiglio Nazionale Architetti, Pianificatori, Paesaggisti e Conservatori (CNAPPC) / National Register of Architects, Urban Planners, Landscape Architects and Conservation Specialists

Opere concorrenti / Competing works
Opere di architettura completate tra il 1° luglio 2010 e il 30 giugno 2013 appartenenti alle seguenti categorie: architettura residenziale; architettura commerciale - direzionale - mista; architettura pubblica; architettura del paesaggio / Architectural works completed between July 1ST, 2010 and June 30TH, 2013 belonging to the following typologies: Residential Architecture; Retail, Office and Mixed-use Architecture; Public Architecture; Landscape Architecture

ART & ARCHITECTURE EDITIONS

Direttore Responsabile / Editor in Chief
NICOLA LEONARDI

Direttore Artistico e Capo Redattore
Art Director and Editorial Co-ordinator
CARLOTTA ZUCCHINI

Creative Director
RICCARDO PIETRANTONIO

Grafica e Impaginazione
Graphic & Editing
GIANFRANCO CESARI
GIANLUCA RAIMONDO

Editor dei testi / Text Editors
KIEREN BAILEY - Inglese
ANNE PRUDENCE COLLINS - Inglese
ILARIA MAZZANTI - Italiano
STEPHANIE JOHNSON - Inglese
LUCA PUGGIOLI - Italiano

Editore / Publisher
THE PLAN
Art & Architecture Editions
CENTAURO srl
Edizioni Scientifiche
Via del Pratello, 8 - 40122 Bologna - Italy
Tel.+39. 051.227634 - Fax +39. 051.220099
www.theplan.it
Stampato in Italia / Printed in Italy

© Copyright CUBE srl Bologna

ISBN 978-88-85980-67-9

è vietata la riproduzione totale o parziale del volume senza l'autorizzazione dell'editore. Il materiale inviato in redazione, salvo accordi specifici, non verrà restituito. Titolare del trattamento dei dati personali raccolti nelle banche dati per uso redazionale è Centauro srl Edizioni Scientifiche. Gli interessati potranno esercitare i diritti previsti dall'art. 7 del
DLgs 196/03 Telefonando al numero: 051. 227634

IL BANDO / THE ANNOUNCEMENT
Premio Biennale Internazionale di Architettura Barbara Cappochin
International Biennial Barbara Cappochin Architecture Prize

La Fondazione Barbara Cappochin e l'Ordine degli Architetti della Provincia di Padova bandiscono la sesta edizione del Premio di Architettura "Barbara Cappochin". Obiettivo del Premio è la promozione dell'architettura di qualità intesa quale sfera comprendente qualità ambientale, dimensione umana, uso appropriato dei materiali e delle strutture, studio dei particolari costruttivi, coniugando qualità estetica, funzionalità e sostenibilità

Art. 1- SOGGETTO BANDITORE
"Fondazione Barbara Cappochin" con sede in Selvazzano Dentro (Pd) Italia, Via Vegri n° 33/a
Ordine degli Architetti, Pianificatori, Paesaggisti e Conservatori della Provincia di Padova (O.A.P.P. e C.), con sede in Padova Italia, P.zza Salvemini n° 20.

Art. 2 - APPROVAZIONE DEL BANDO
Il Premio, organizzato in conformità ai regolamenti UNESCO per competizioni internazionali, è approvato da:
U.I.A. (Unione Internazionale degli Architetti);
C.N.A.P.P.C. (Consiglio Nazionale degli Architetti, Pianificatori, Paesaggisti e Conservatori);

Art. 3 - OPERE CONCORRENTI
Possono partecipare alla edizione 2013 del "Premio Internazionale Barbara Cappochin" le opere di architettura di nuova realizzazione, anche in ampliamento di edifici esistenti, progettate da architetti e/o ingegneri, di qualsiasi nazionalità, iscritti all'Albo professionale o associazione equivalente, completate tra il 1° luglio 2010 ed il 30 giugno 2013, appartenenti alle seguenti categorie:
1 architettura residenziale;
2 architettura commerciale, direzionale, mista;
3 architettura pubblica (educativa, culturale, socio-sanitaria, religiosa, sportiva, ricreativa, ecc.);
4 opere del paesaggio;
Le opere concorrenti realizzate in Provincia di Padova partecipano anche alla sezione provinciale del Premio.
Ciascun partecipante può presentare una o più opere; è suo compito e responsabilità assicurare il consenso del committente e/o del proprietario alla presentazione e utilizzo dell'opera stessa e dei materiali relativi.

Art. 4 - INCOMPATIBILITA'
Non possono concorrere:
1 i componenti della Giuria, i loro coniugi ed i loro parenti ed affini fino al terzo grado compreso;
2 i datori di lavoro o coloro che abbiano qualsiasi rapporto di lavoro o collaborazione continuativa e notoria con membri della Giuria;
3 tutti coloro che sono stati coinvolti nella preparazione o nell'organizzazione del Premio "Barbara Cappochin"

Art. 5- PARTECIPAZIONE ANONIMA
La partecipazione al premio dovrà avvenire in forma anonima.
Per garantire l'anonimato il Web Master creerà una password, come previsto al punto 6.2, consegnandone una parte al membro della segreteria tecnica al momento del lancio del Premio.
L'altra metà sarà data dal Web Master al Presidente della giuria a deliberazione avvenuta.
Il Web Master per la gestione elettronica del premio è: Nibbles.it Srl

Art. 6- PREMI
6.1 Premio Internazionale "Barbara Cappochin"
Al Progettista vincitore viene assegnato il premio di € 30.000 (euro trentamila);
All'impresa costruttrice dell'opera vincitrice viene assegnata una targa da apporre sull'edificio premiato;
Ai progettisti delle tre opere segnalate con "menzione d'onore" viene assegnata una targa.
6.2 Medaglia d'oro Giancarlo Ius all'opera di architettura maggiormente innovativa e sostenibile sotto il profilo del risparmio energetico e dell'utilizzo di energie rinnovabili. Al Progettista vincitore viene assegnata la "Medaglia d'oro Giancarlo Ius".
6.3 Premio provinciale "Barbara Cappochin"
Al Progettista vincitore viene assegnato un premio di € 5.000 (euro cinquemila);
All'impresa costruttrice dell'opera vincitrice viene assegnata una targa da apporre sull'edificio premiato;
Ai progettisti delle due opere segnalate con "menzione d'onore" viene assegnata una targa.
In occasione della cerimonia di premiazione al vincitore del 1° Premio Internazionale e della Medaglia d'oro Giancarlo Ius, verranno offerti dall'organizzazione il viaggio e l'ospitalità alberghiera.
Ai premiati con menzione d'onore e menzione speciale verrà offerta dall'organizzazione l'ospitalità alberghiera.
I premi sono sottoposti alla tassazione vigente in Italia.
A tutti i concorrenti presenti alla cerimonia di premiazione verrà offerta una copia del catalogo del Premio.

Art 7 - TERMINI DI PARTECIPAZIONE E DOCUMENTAZIONE
Apertura iscrizioni: 9 aprile 2013
Chiusura iscrizioni entro le ore 24 (ora italiana) del 30 giugno 2013
P er partecipare al Premio è necessario:
7.1 compilare direttamente nel sito www.barbaracappochinfoundation.net, alle voci: Biennale 2013-Iscrizioni, i sottoelencati documenti:
scheda identificativa del partecipante
categoria di appartenenza dell'opera
data conclusione lavori
relazione tecnica
scheda dell'opera
e trasmettere i seguenti files:
TAVOLA 1 formato jpg - 300 dpi dimensione A1 orizzontale (mm 594 x mm 841) con almeno una planimetria, piante e sezioni
TAVOLA 2 formato jpg - 300 dpi dimensione A1 orizzontale (mm 594 x mm 841) con le foto più significative dell'opera (minimo n° 4 - massimo n° 6)
TAVOLA 3 formato jpg - 300 dpi (solo per "Medaglia d'oro Giancarlo Ius") con elaborato progettuale, non più di sei foto, illustrative della tecnologia innovativa relativa al risparmio energetico e alle energie rinnovabili e relazione (massimo 2.000 battute) descrittiva dei materiali utilizzati e del funzionamento bioclimatico ed impiantistico dell'opera.
Maggiori chiarimenti in merito alle specifiche tecniche sono riportati nel sito www.barbaracappochinfoundation.net
Le domande devono essere presentate solo nella lingua italiana oppure inglese.
7.2 A domanda inoltrata la Fondazione Barbara Cappochin :
trasmette il codice identificativo alfanumerico costituito da 9 numeri e 3 lettere e il link da utilizzare per effettuare l'iscrizione con l'invio della documentazione richiesta.
A iscrizione completata la Fondazione Barbara Cappochin:
trasmette una mail di avvenuta iscrizione;
trasmette i link per partecipare al Premio Medaglia d'Oro "Giancarlo Ius".
Il Web Master crea una password di accesso composta da 10 lettere, divisa in due parti, da utilizzare alla fine della deliberazione da parte della Giuria per unire i codici di identificazione con la scheda dei dati personali.

Art. 8 - GIURIA
La Giuria risulta così composta:
1. Leopoldo Freyrie, Architetto Presidente Consiglio Nazionale degli Architetti, Pianificatori e Paesaggisti (C.N.A.P.P. e C.) - (Italia)
2. Alberto Cecchetto, architetto - (Italia)
3. Abe Ryo, Architetto (Giappone)
4. Francisco Mangado, Architetto (Spagna)
5. Nikos Fintikakis, Architetto - (Grecia)
6. Nicola Leonardi, Direttore Responsabile "The Plan" - (Italia)
7. Victoria Mayers , architetto - Membro U.I.A. - (U.S.A)
Il Presidente viene nominato dalla Giuria.

"Barbara Cappochin" Foundation and the Order of Architects, Planners, Landscapers and Conservationists of the Province of Padua are pleased to announce the sixth edition of the "Barbara Cappochin" Prize for Architecture.

The purpose of the prize is to promote and highlight projects caracterised by a high level of architectural quality. The elements that will have great importance in the evaluating process are environmental quality, human dimension, appropriate use of materials and structures, as well as construction details, combining aesthetic quality, functionality and sustainability.

Art. 1 - ORGANIZATIONS THAT PROMOTE THIS ANNOUNCEMENT
- "Barbara Cappochin Foundation", which has its office in Selvazzano Dentro, Padua, Italy, via Vegri n° 33/a
- the Order of Architects, Planners, Landscapers and Conservationists of the Province of Padua, which is located in Piazza Salvemini, n° 20 in Padua, Italy

Art. 2 - APPROVAL OF THE ANNOUNCEMENT
This Prize, organised in accordance with the UNESCO Regulations for international competitions is approved by:
- U.I.A. (International Union of Architects);
- C.N.A.P.P.C. (National Council of Architects, Planners, Landscapers and Conservationists).

Art. 3 - CHARACTERISTICS OF WORKS SUBMITTED
Newly executed architectural works can participate in 2013 Edition of the "International Barbara Cappochin Prize", even extensions to existing buildings planned by architects and/or engineers of any nationality and enrolled in the professional register or an equivalent association, finished between July 1, 2010 and June 30, 2013, belonging to the following categories:
1.- Residential Architecture;
2.- Commercial, managerial and mixed architecture;
3.- Public Architecture (educational, cultural, social-health, religious, sporting, recreational etc.);
4.- Landscape Architecture.

Competing works executed in the province of Padua also participate in the Provincial Section of the Prize.

Every participant can submit one or more works; it is his specific duty and responsibility to obtain the approval of the client and of the owner for the presentation and for the use of the work and its materials.

Art. 4 INCOMPATIBILITY
The following persons are not eligible to take part in the competition:
• the members of the Jury, their spouses, their relatives and distant relatives included;
• the employers or those who have any such work relationship or a long term well-known collaboration with members of the Jury;
• all those who have been involved in the preparation or in the organization of the Prize "Barbara Cappochin" Prize.

Art. 5 - ANONYMOUS PARTECIPATION
Entries will be submitted and adjudicated anonymously.
To guarantee anonymity, the Web Master will create a password, half of which, as provided for in 6.2 will be given to a member of the technical secretariat when the prize is launched. The other half will be given by the Web Master to the President of the jury at the end of the jury deliberations.
The Web Master for the electronic management of the Prize is: Nibbles it Srl

Art. 6 - PRIZES
6.1 International "Barbara Cappochin" Prize
The winning designer will receive the prize of € 30.000 (thirty thousand Euros);
The construction company of the winning work is awarded with a plate to be placed on the winning building;
The designers of the three works noted with honourable mention will receive a plate.

6.2 "Giancarlo Ius Gold Medal" to the most innovative work of architecture in the field of energy saving and innovative renewable energy technology. The winning designer will receive the "Giancarlo Ius" Gold Medal.
6.3 Provincial Prize "Barbara Cappochin"
The winning designer will receive a prize of € 5.000 (five thousand Euros); The construction company of the winning work is awarded with a plate to be placed on the winning building.
The planners of the two works noted with honourable mention will receive a plate.
On the occasion of the prize giving ceremony, travel expenses and accommodation will be offered by the organisation to the winners of the International Prize and of the "Giancarlo Ius Gold Medal".
Accommodation will be offered by the organisation to the winners of the honourable mentions of the Jury.
The prizes are subject to taxation in force in Italy.
A copy of the catalogue of the "Biennial" will be presented to all the participants who attend the prize-giving ceremony.

Art. 7 - TERMS OF PARTECIPATION AND DOCUMENTATION REQUIRED
Opening date for receiving entries: 9 April 2013
Closing date for receiving entries by 24:00 hour (Italian time) on 30 June 2013
He/She who intends to participate in the Prize must:
7.1 fill out directly on the site www.barbaracappochinfoundation.net, page; "Prize 2013-Inscription" the following forms:
- Identification form for participants
- Category of work
- Work conclusion report
- Technical report
- Work form
and send the following files:
TABLE 1 jpg format - 300 dpi, A1 landscape position (594 mm x 841 mm) with at least one plan, diagram and cross-sections
TABLE 2 jpg format - 300 dpi, A1 landscape position (594 mm x 841 mm) with the photos more meaningful of the work (minimum four - maximum six)
TABLE 3 jpg format - 300 dpi (for "Giancarlo Ius Gold Medal" only) with project work no more than 6 photos describing the energy saving and innovative renewable energy technology and a descriptive report (maximum 2.000 keystrokes) about the materials used and the functioning of the bioclimatic and plant engineering aspects of the project.
The applications must be presented only in Italian or English.
Complete details will be found on the website: www.barbaracappochinfoundation.net
7.2. At request of inscription inserted the Barbara Cappochin Foundation:
- will transmit the alphanumeric identification code formed of 9 numbers and 3 letters and the link to use for the upload of the documents.
At the end of the inscription the Barbara Cappochin Foundation:
- will transmit an email of happened registration;
- will transmit the links to participate at the "Giancarlo Ius" Gold Medal.
Will have created by the Web Master an access password made up of 10 letters, divided in two parts, to be used at the end of the jury deliberations to couple the identification codes with the participants' personal details.
Complete details will be found on the website: www.barbaracappochinfoundation.net

Art. 8 JURY
The Jury will be comprised of:
1. Leopoldo Freyrie, Architect - President of the National Council of Architects, Planners and Landscapers and Conservationists (C.N.A.P.P e C.) - (Italy)
2. Alberto Cecchetto, Architect - (Italy)
3. Abe Ryo, Architect - (Japan)
4. Nikos Fintikakis Architect (Greece))
5. Francisco Mangado Architect (Spain))
6. Nicola Leonardi Managing Director "The Plan"(Italy)
7. Victoria Mayers Architect - Member U.I.A. nomination (U.S.A.)
The President will be nominated by the Jury at its first session.

Art. 9 - LAVORI DELLA GIURIA
La Giuria seleziona:
- le migliori 40 opere della sezione internazionale e, tra queste, l'opera vincitrice del Premio Internazionale e tre menzioni d'onore;
- le migliori 10 opere della sezione provinciale e tra queste l'opera vincitrice del Premio Provinciale e due menzioni d'onore;
- le 10 opere maggiormente innovative sotto il profilo della sostenibilità energetica e tra queste l'opera vincitrice della "Medaglia d'oro Giancarlo Ius".
Le decisioni della Giuria vengono prese a maggioranza dei voti. Nel caso di parità, il voto del Presidente è decisivo.
La relazione della Giuria viene firmata da tutti i membri della stessa al termine dei lavori e copia del documento viene inviata all'U.I.A. e resa disponibile a tutti i partecipanti.
Le riunioni della Giuria sono valide con la presenza della maggioranza dei membri.
La decisione insindacabile della Giuria viene comunicata ai vincitori e alle menzioni d'onore entro il 31 luglio 2013 e pubblicata nel sito della Fondazione e dell'Ordine degli Architetti P.P.C. della Provincia di Padova entro il mese di settembre 2013 in concomitanza con la conferenza stampa di annuncio dei vincitori.

Art. 10 - ESCLUSIONI
La Giuria esclude qualunque domanda non conforme ai requisiti contenuti nel presente bando, e la documentazione non richiesta dall'art. 7 del presente bando.
Non sono ammessi progetti già presentati nelle precedenti edizioni.

Art. 11 - MOSTRA
Tutte le opere selezionate dalla Giuria vengono esposte in una mostra della durata di almeno 90 giorni, e sul sito web della Fondazione Barbara Cappochin e dell'Ordine degli Architetti P.P.C. della provincia di Padova
L'ente banditore pubblica nel sito della Fondazione e dall'Ordine degli Architetti P.P.C. della provincia di Padova in tempo utile, il programma della cerimonia di premiazione, della inaugurazione della mostra e degli ulteriori eventi della Biennale.

Art. 12 - PUBBLICAZIONI - CATALOGO
L'Ente banditore si riserva il diritto di utilizzare e cedere, senza remunerare gli autori, le immagini delle opere concorrenti, in pubblicazioni e materiale promozionale.
Tutte le opere selezionate dalla Giuria vengono pubblicate a cura del soggetto banditore nel catalogo della "Biennale".
Nello stesso catalogo, in forma più sintetica, vengono comunque pubblicate tutte le opere partecipanti.
Le immagini delle opere vincitrici e di quelle segnalate vengono pubblicate sul sito internet e sul bollettino dell'U.I.A.

Art. 13 - SEGRETERIA AMMINISTRATIVA DEL PREMIO
E' istituita presso la sede della Fondazione Barbara Cappochin una segreteria con il compito della gestione amministrativa del Premio.
Segreteria: via Vegri n° 33a
35030 Selvazzano Dentro - Italia
Informazioni c/o Segreteria:
tel. 0039 049 8055642-8059879 / fax 0039 049 8056891
e-mail: info@bcfoundation.net
sito internet: www.barbaracappochinfoundation.net

Art. 14 - SEGRETERIA TECNICA DEL PREMIO
Il gruppo tecnico per il pre-esame è costituito da due rappresentanti della Fondazione Barbara Cappochin e due rappresentanti dell'Ordine degli Architetti, P.P.C. di Padova con il compito di verificare la congruità delle domande con i requisiti espressi nel presente bando.

Art. 15 - NORME FINALI
Ogni difformità o incompletezza, anche parziale, rispetto alle specifiche prescrizioni, contenute nel presente bando, costituisce, in base alle determinazioni della Giuria, motivo di esclusione dal Premio. Ai sensi del D.Lgs. 196/03, si precisa che i dati personali dei concorrenti vengono raccolti e trattenuti unicamente per gli scopi inerenti la gestione del Premio e della pubblicazione degli elaborati di gara.

Art. 16 - CALENDARIO
9 aprile 2013: apertura iscrizioni
30 giugno 2013 (24.00 ora italiana): data limite iscrizioni
18-19-20 luglio 2013: riunione della Giuria
Settembre 2013: Conferenza Stampa annuncio vincitori
Settembre 2013 (stessa data della conferenza stampa): pubblicazione dei risultati sul sito della Fondazione "Barbara Cappochin" e dell'Ordine degli Architetti P.P.C. della Provincia di Padova
26 ottobre 2013: Cerimonia di premiazione
26 ottobre 2013: Apertura mostra.

Art. 9 - DUTIES OF THE JURY
The Jury determines:
- the best 40 works of the International Section and, among them, the winner of the International Prize and three honourable mentions;
- the best 10 works of the Provincial Section and, among them, the winner of the Provincial Prize and two honourable mentions;
- the 10 most innovative works of architecture in the field of energy saving and, among them, the winner of the "Giancarlo Ius Gold Medal";
The decisions of the Jury are taken by majority vote.
In case of parity of votes, the vote of the President is decisive.
The Jury's report will be signed by all Jury members at the end of the deliberations and a copy of the document will be sent to the U.I.A. and made available to all participants.
The meetings of the Jury are valid with the presence of the majority of the members.
The Jury will communicate its unchallengeable decision to the winners and honourable mentions no later than July 31, 2013.
The decision will then be published in the Foundation and Order of Architects websites before September 2013 in conjunction with the winners' press conference.

Art. 10- EXCLUSIONS
The Jury will disqualify any entry not in compliance with the requirements of the present announcement and with documentation not required in the art. 7.
Works already submitted in the previous editions of the Prize are not admitted.

Art. 11 - EXHIBITION
All the works submitted to the Jury will be shown in an exhibition lasting for at least 90 days and on the Foundation and Order of Architects websites.
The Prize organization will publish on the Foundation and Order of Architects websites the program of the prize-giving ceremony, the opening of the exhibition and collateral events.

Art. 12 - PUBLICATION - CATALOGUE
The Prize organizer reserves the right to use and to transfer the images of the competing works without giving remuneration to the architects in publications and promotional material.
All the works selected by the Jury will be published by the management of the organization that is promoting this Prize in the catalogue of the "Biennial". All the participating works will however be published in a more synthetic format in the same catalogue.
The images of the winning works and those distinguished by a mention will be published on the U.I.A. web site and in the organization's newsletters.

Art. 13 - PRIZE'S ADMINISTRATIVE OFFICE
A secretariat for the administrative management of the Prize has been set up at the offices of the Barbara Cappochin Foundation.
Administrative office: via Vegri n° 33a
35030 Selvazzano Dentro - Italy
Information c/o the Secretary:
tel. 0039 049 8055642-8059879
fax 0039 049 8056891
e-mail: info@bcfoundation.info
website: www.barbaracappochinfoundation.net

Art. 14 - TECHNICAL OFFICE OF THE PRIZE
The technical group for the pre-examination is constituted by two representatives of the Barbara Cappochin Foundation and two representatives of the Order of Architects, P.L.C. of Padua who will have the responsibility to check the compatibility of the works submitted with the requisites written in this announcement.

Art. 15 - STANDARD REGULATION
Any deviation or incompleteness, even partial, regarding the specific regulations contained in the Announcement, constitutes a disqualification from the competition as determined by the Jury.
The personal data of the candidates, according to the law D. Lgs. 196/03, will be collected and held solely for the purpose of the Biennial Barbara Cappochin Prize for Architecture, and for the publication of the entries in competition.

Art. 16 - SCHEDULE OF EVENTS
April 9, 2013: opening date for receiving entries
June 30, 2013 (24 p.m. Italian time): deadline for receiving entries
July 18-19-20,2013 Jury meetings
September 2013: winners' press conference
September 2013 (the same date of the press conference): publication of the results on the Barbara Cappochin Foundation and Order of Architects, Planners, Landscapers and Conservationists of the Province of Padua web sites
October 26, 2013:Teatro Verdi: Winners Ceremony
October 26, 2013: opening of the Exhibition.